ALEXANDRE DUMAS

MONSIEUR
COUMBES

PARIS
LIBRAIRIE NOUVELLE
BOULEVARD DES ITALIENS, 15

A. BOURDILLIAT ET Cie, ÉDITEURS

1860

MONSIEUR COUMBES

OUVRAGES DE M. ALEXANDRE DUMAS

EN VENTE A LA MÊME LIBRAIRIE

Les Compagnons de Jéhu, 2 vol.....chaque volume. 2 fr. »
L'Art et les Artistes contemporains au salon de 1859, 1 vol.................................... 2 »
Marie Dorval, 1 vol........................... » 50
La Jeunesse de Pierrot, conte de fée, 1 vol .... » 50

Paris. — Imp. de la Librairie Nouvelle, A. Bourdilliat, 15, rue Breda.

ALEXANDRE DUMAS

MONSIEUR COUMBES

PARIS
LIBRAIRIE NOUVELLE
BOULEVARD DES ITALIENS, 15

A. BOURDILLIAT ET C°, ÉDITEURS

La traduction et la reproduction sont réservées

1860

(C.)

MONSIEUR COUMBES

I

Où nous apprendrons ce que c'est qu'un cabanon à ceux de nos lecteurs qui l'ignorent

En ce temps-là, Marseille avait une banlieue pittoresque et romantique, et point, comme aujourd'hui, une banlieue verdoyante et fleurie.

Du haut de la montagne de Notre-Dame de la Garde, il était aussi facile de compter les maisons égrenées dans la plaine et sur les colines, qu'il l'était de nombrer les navires et les tartanes qui diapraient de leurs voiles blanches et rouges l'immense nappe bleue qui s'étend jusqu'à l'horizon; nulle de ces maisons, à l'exception peut-être de celles qui avaient été bâties aux rives de l'Huveaune, sur les ruines de ce château de Belle-Ombre, qu'habitait la petite-fille de Mᵐᵉ de Sévigné, nulle de celles-là n'avait à s'enorgueillir encore de ces majestueux platanes, de ces charmants bosquets de lauriers, de tamaris, de fusains, d'arbres exotiques et indigènes qui dérobent à présent, sous les masses de leurs feuillages pleins d'ombre, les toits des innombrables villas marseillaises; c'est que la Durance n'avait point encore passé par là, couru dans ces vallons, escaladé ces collines, fertilisé ces rochers.

Alors tout Marseillais qui tenait à raviver ses fleurs lorsque leurs feuilles, flétries par l'action torride d'un soleil d'août, se penchaient vers la terre, devait, comme à bord d'un navire en pleine traversée, comme M. de Jussieu le fit pour son cèdre, prendre sur la part réservée à son estomac, pour donner l'aumône de quelques gouttes d'eau là à pauvre plante.

En ce temps-là, déjà si loin de nous, grâce à la combinaison toute-puissante d'eau et de soleil qui a si rapidement métamorphosé la végétation de ce pays, que l'on ne se souvient plus, à Marseille même, qu'il fut un temps ou quelques pins, quelques oliviers craquant au soleil rompaient seuls la monotonie du paysage dénudé ; en ce temps-là, disons-nous, le village de Montredon offrait le plus complet spécimen de l'aridité qui caractérisait jadis les environs de la vieille cité des Phocéens.

Montredon vient après cette trinité de villages que l'on appelle Saint-Geniès, Bonneveine et Masargues ; il est situé à la base de ce triangle qui, s'avançant dans la mer et protégeant la rade du vent d'est, se nomme le cap Croisette. Il est bâti au pied de ces immenses masse d'un calcaire gris et azuré, sur les pentes desquelles poussent avec peine quelques buissons rabougris, dont le soleil et la poussière blanchissent encore les feuilles grisâtres.

Rien de plus morne, de plus triste, que la perspective de ces masses grandioses : il semblerait que jamais les hommes n'eussent pu raisonnablement songer à planter leurs tentes sur les assises désolées de ces remparts de pierre, que Dieu n'avait placés là que pour garantir la côte des envahissements de la mer; et cependant, bien avant 1787, Montredon avait, outre ses chaumières, de nombreuses maisons de campagne, dont l'une est célèbre, sinon par elle-même, du moins par la renommée de ceux qui l'ont habitée.

Le parc magnifique, que MM. Pastré ont entouré de murs, renferme, dans son enceinte, une modeste villa qui a servi d'asile à la famille Bonaparte, lors du long séjour qu'elle fit à Marseille pendant la Révolution ; les rois et les reines de la moitié de l'Europe ont piétiné le sable de ses allées; et l'hospitalité qu'il leur donnait a singulièrement porté bonheur à M. Clary; ses enfants ont été emportés dans le tourbillon qui poussait ses hôtes vers les trônes, et ils ont pris place sur les premiers degrés. Peu s'en fallut même que la plus jeune des demoiselles Clary ne fût appelée à partager la destinée du futur maître du monde. Il fut question d'un mariage entre elle et le jeune commandant d'artillerie; mais, comme le dit plus tard le notaire de madame Bauharnais en semblable circonstance, on ne pouvait épouser un homme qui n'avait que la cape et l'épée.

Disons-le bien vite : ce n'est point de ces demi-dieux d'hier que nous avons à vous entretenir, cher lecteur. Nous n'avons pas su résister à un mouvement d'orgueil patriotique; nous avons éprouvé le besoin de vous apprendre qu'après tout, Montredon n'est pas aussi humble qu'il en a l'air; qu'il a, comme toute autre ville, ses droits à une célébrité dont il est juste que chacun de ses enfants se fasse gloire, et, ceci concédé, nous nous hâterons de vous avertir consciencieusement que nous n'avons fait là qu'une digression, que nos futurs personnages sont tout petits, tout modestes, que notre drame naît, vit et se dénoue sur un grain de sable, et que, si nos acteurs ont fait du bruit en ce monde, ce bruit s'est arrêté bien certainement à la vieille chapelle d'un côté, et de l'autre à la Madrague, la colonne d'Hercule de Montredon.

... Paulo minora canamus.

Quittons donc bien vite la villa Clary, et, en suivant le bord de la mer, gagnons ce petit promontoire que l'on appelle *la Pointe-Rouge*, où nous trouvons, en l'année 1831, dans laquelle nous sommes, trois ou quatre maisons seulement, et, parmi ces maisons, le cabanon dans lequel se passe l'histoire que nous voulons vous raconter.

Cependant, et au risque d'une nouvelle digression, il serait tout à fait à propos de tenir ce que promet le titre de ce chapitre, de vous expliquer ce que c'est qu'un cabanon, à vous tous qui peut-être n'avez point eu la chance de naître dans ce que tout Marseillais regarde comme le paradis terrestre, dans la Provence.

Sur ce mot de cabanon, votre imagination s'est peut-être déjà figuré une hutte en planches ou branches, un toit de paille ou de roseaux avec un trou au plafond pour laisser échapper la fumée. — Votre imagination a marché trop vite.

Château, bastide ou cabanon, c'est tout un à Marseille, c'est-à-dire que le caractère et l'imagination du propriétaire décident du titre que porte toute habitation extra-muros, bien plus que la taille ou l'architecture de ladite habitation. Si le Marseillais est orgueilleux, la maison sera un château ; s'il est simple, elle deviendra une bastide ; s'il est modeste, il la nommera un cabanon. Mais lui seul peut établir cette classification, car rien ne ressemble autant à un château marseillais qu'une bastide, si ce n'est peut-être un cabanon.

Parlons tout ensemble du cabanon et de son propriétaire.

Le propriétaire de la maison de la Pointe-Rouge était un ancien portefaix. Depuis que la ville de Marseille a envoyé à l'assemblée un ou deux portefaix pour la représenter, on se fait généralement une idée très-fausse des membres de cette corporation. Quelques personnes supposent que tous les habitants de notre grand port méditerranéen sont portefaix ; d'autres, que tous les portefaix sont millionnaires. La vérité est que cette profession, qui ne compte pas à Marseilles moins de trois à quatre mille membres, est lucrative à la fois pour les ouvriers et pour les maîtres, sous la responsabilité desquels ceux-là travaillent.

Les maîtres portefaix entreprennent le déchargement des navires à forfait ; le tarif varie avec les circonstances, et pour eux et pour les hommes de peine qu'ils emploient et qu'ils payent proportionnellement. Le mouvement commercial est considérable : les patrons peuvent réaliser un bénéfice d'une quinzaine de mille francs par an. Après une vingtaine d'années d'exercice, ils se retirent, non pas riches, mais dotés d'une honnête aisance.

M. Coumbes n'avait été ni plus ni moins favorisé que la plupart de ses confrères. Fils de paysans, il était venu à Marseille en sabots. Un sien parent, simple soldat dans cette grande milice du port, lui proposa sa place, qu'une infirmité précoce l'empêchait de remplir convenablement.

Ces places d'ouvriers portefaix se lèguent ou s'achètent, absolument comme les charges de notaire ou d'agent de change.

M. Coumbes eût volontiers acheté une charge, mais il n'avait pas une obole.

Le parent tourna la difficulté ; l'argent n'était rien pour lui ; il ne voyait en cette affaire que la félicité future de son cousin qu'il allait assurer ; il se contentait du tiers du produit des journées du jeune homme pendant cinq ans.

M. Coumbes eût voulu marchander, mais le cessionnaire noya ses protestations dans un déluge de paroles d'une tendresse qui ne laissait pas à son interlocuteur la possibilité d'insinuer la moindre réclamation ; il dit oui.

M. Coumbes tint commercialement ses engagements. Cette large brèche pratiquée dans ses salaires quotidiens ne l'empêcha pas de faire de notables économies. Il avait pour cela un procédé des plus simples : il prélevait sur sa nourriture le tiers à donner au cousin. S'il n'engraissa pas à ce régime, son magot ne s'en arrondit que mieux, et bientôt il fut assez dodu pour permettre à Coumbes d'acheter une des maîtrises de sa corporation. Il est vrai qu'elles n'avaient pas atteint alors les prix auxquels elles sont arrivées aujourd'hui.

Mais, si la maîtrise coûta peu à M. Coumbes, elle lui produisit gros. A partir des expéditions de Morée, de la paix de Navarin et de la prise d'Alger, le large bénéfice que les maîtres portefaix réalisèrent avec l'administration militaire achevèrent de compléter une certaine somme que, dès sa plus tendre jeunesse, M. Coumbes avait fixée comme but de son ambition.

La somme réalisée, il se retira.

L'appât du gain, qui était alors dans sa période ascendante, ne put le déterminer à rester maître portefaix un jour de plus. Il avait une passion, une passion que vingt années de jouissance n'avaient pu attiédir ; c'était cette passion qui le rendait si fort contre l'avidité qui devait nécessairement résulter de ses habitudes de parcimonie.

Un jour qu'il promenait à Montredon ses loisirs d'ouvriers, M. Coumbes avait vu une affiche qui annonçait des terrains à céder à des prix fabuleusement bas. Il aimait la terre autant pour elle-même que pour ce qu'elle rapporte, comme tous les enfants de paysans; il préleva sur ses épargnes deux cents francs pour acheter deux arpents de cette terre-là.

Quand nous disons terre, nous cédons à l'habitude; les deux arpents de M. Coumbes se composaient exclusivement de sable et de roches.

Il ne les en chérit que davantage, tout comme une mère qui préfère souvent l'enfant rachitique et bossu à tous les autres.

Il se mit à l'œuvre.

Avec une vieille caisse à savon, il bâtit une cabane sur le bord de la mer; avec des roseaux, il entoura sa propriété, et dès lors il n'eut plus qu'une pensée, qu'un but, qu'un souci : l'embellir et l'améliorer. La tâche était ardue, mais M. Coumbes était homme à l'entreprendre et à la mener à bien.

Chaque soir, sa journée finie, il mettait dans sa poche le morceau de pain, les tomates crues ou les fruits qui devaient composer son souper, et il s'acheminait vers Montredon pour y porter un couffin rempli de terreau, qu'il ramassait çà et là pendant les intervalles que ses compagnons donnaient à la sieste. Il va sans dire que, le dimanche, sa journée entière se passait à fouiller, bêcher, aplanir, niveler, et, certes, jamais journées ne furent remplies comme l'étaient celles-là.

Sa plus grande joie, lorsque de portefaix il passa maître, fut de songer que son cabanon allait profiter de l'amélioration de sa position. Le premier emploi qu'il fit de ses premiers bénéfices fut de faire jeter bas la maisonnette de planches et d'y faire construire le cabanon dont nous vous parlions tout à l'heure.

Pour être l'objet de tant de soins et de tant d'amour, ce cabanon n'en était ni plus élégant ni plus somptueux.

A l'intérieur, il se composait de trois pièces au rez-de-chaussée, de quatre au premier étage. Celles du bas étaient assez spacieuses; pour celles du premier, il semblait que l'architecte eût pris pour modèle la dunette d'un vaisseau. On ne respirait, dans chacune de ces cabines, qu'à la condition de laisser la fenêtre ouverte. Tout cela était meublé de vieux meubles achetés par M. Coumbes chez tous les brocanteurs des anciens quartiers.

A l'extérieur, le cabanon de M. coumbes avait un aspect tout à fait fantastique. Dans son adoration profonde pour ce monument, chaque année il s'était plu à l'embellir! Et ces embellissements faisaient plus d'honneur au cœur qu'au goût du propriétaire.

Les murailles du cabanon revêtirent tour à tour toutes les couleurs du prisme. Des tons plats, M. Coumbes passa aux arabesques, puis il se lança dans les fictions architecturales avec plus ou moins de perspective. Le cabanon fut successivement un temple grec, un mausolée, un Alhambra, une caverne norwégienne, une hutte couverte de neige.

A l'époque où commence cette histoire, et subissant, comme tous les artistes, l'influence de la fièvre romantique qui agitait le monde, M. Coumbes avait métamorphosé son habitation en château du moyen âge. Rien ne manquait à la fidélité de la miniature, ni les fenêtres ogivées, ni les créneaux, ni les machicoulis, ni les meurtrières, ni les herses peintes sur les portes.

Avisant dans la cheminée deux billes de bois de chêne, qui attendaient là qu'on les fît table ou armoire, M. Coumbes jugea qu'elles seraient beaucoup plus propres à ajouter à la couleur et au style de sa demeure, et les sacrifia sans regret. Façonnées de ses mains, elles devinrent deux tourelles, furent plaquées aux deux angles du bâtiment, et dressèrent vers le ciel des girouettes ornées d'armoiries comme jamais ni d'Hozier ni Chérin n'eurent certainement l'idée d'en blasonner.

Ce coup de pinceau du maître donné à son tableau, M. Coumbes se mit à le contempler de l'air dont Perrault dut regarder le Louvre quand il en eut aligné la colonnade.

C'étaient les enivrements de cette perspective qui avaient peu à peu infiltré dans le cœur de M. Coumbes cet orgueil déguisé sous de faux semblants de modestie, orgueil dont nous avons dit quelques mots, et que nous allons voir jouer un grand rôle dans l'existence de cet homme.

Les passions sont ordinairement complexes. Et cependant, il s'en fallait de beaucoup que M. Coumbes fût heureux également dans toutes ses entreprises, comme on eût été tenté de le supposer en songeant à la fierté profonde que lui inspirait son œuvre.

Si la maison s'était loyalement prêtée à toutes les fantaisies du propriétaire, il n'en était pas de même du jardin. Les murs de l'une conservaient fidèlement la peinture qu'on lui confiait; les plates-bandes de l'autre ne gardaient jamais la forme que leur donnait M. Coumbes et ne rendaient onques la semence qu'il plaçait dans leur sein.

Pour l'explication de ce qui précède, il faut dire que M. Coumbes avait un ennemi.

Cet ennemi, c'était le mistral; c'était lui que Dieu avait chargé, en pure perte, il est vrai, de suivre le char de ce triomphateur, de jouer le rôle de l'esclave antique, de rappeler à M. Coumbes, lorsque celui-ci contemplait amoureusement son domaine, que, pour être le maître et le créateur de ces belles choses, il n'en était pas moins un homme. C'était ce souffle impitoyable, le συχειρων des Grecs, le *circius* des Latins, que Strabon appelle μελαμβορέας, « vent violent, terrible, qui déplace et enlève les rochers, précipite les hommes de leurs chars, les dépouille de leurs vêtements et de leurs armes; » c'était ce vent qui, selon M. de Saussure, brisait si souvent les carreaux du château de Grignan, que l'on avait renoncé à les faire remettre; c'était ce vent qui, enlevant l'abbé Portalis par-dessus la terrasse du mont Sainte-Victoire, le tuait sur le coup; c'était ce vent enfin qui, après avoir fait tout cela autrefois, empêchait aujourd'hui que le monde pût jouir du vaste et curieux spectacle d'un homme satisfait de son sort, sans ambition et sans désir.

Et cependant le mistral n'avait point eu pour M. Coumbes une seule des désastreuses conséquences que signalait l'écrivain grec; il n'avait point renversé sur sa demeure les pics granitiques du Marchia-Veyre; il ne l'avait point jeté bas de la petite charrette, attelée d'un cheval corse, dans laquelle il allait de loin en loin à la ville; si quelquefois il lui enlevait sa casquette, il respectait du moins la veste et le pantalon qui sauvegardaient sa pudeur. A peine si du bout de son aile il avait fait choir quelques tuiles du toit du cabanon, fendu quelques-uns de ses carreaux.

M. Coumbes lui eût peut-être pardonné tout cela; mais ce qu'il ne lui pardonnait pas, ce qui le désespérait, c'était l'acharnement avec lequel ce vent maudit semblait décidé à maintenir les deux arpents de jardin à l'état de grève désolée ou de désert aride.

Aussi, dans cette lutte, M. Coumbes se montrait-il plus opiniâtre que ne l'était son adversaire. Il fouillait, il fumait, il ensemençait péniblement et laborieusement son terrain huit, neuf et jusqu'à dix fois par an. Aussitôt que la graine de salade avait nuancé la plate bande de légers festons verts; aussitôt que les pois montraient leurs lobes jaunâtres, dans lesquels une feuille se détachait comme une émeraude dans le chaton d'or d'une bague, le mistral, à son tour, commençait son œuvre. Il s'acharnait après les malheureuses plantes; il desséchait jusque dans leurs racines la séve qui commençait à circuler dans leurs frêles tissus; il les recouvrait d'une épaisse couche de sable brûlant, et, lorsque cela ne suffisait pas à les faires rentrer dans les limbes, il les balayait chez les voisins avec la poussière qu'il charrie ordinairement dans ses fureurs.

M. Coumbes donnait un jour à son désespoir, à ses lamentations.

Il se promenait, l'œil morne, au milieu du champ de bataille, ramassant les morts et les blessés avec une piété touchante, leur prodiguant des soins. hélas! inutiles pour la plupart, se faisant à lui-même l'oraison funèbre d'un chou plein d'espérances ou d'une pomme d'amour grosse de promesses; puis, quand il avait accordé un temps convenable à ses regrets, il se remettait à la tâche, cherchant ses allées et ses plates-bandes, que le mistral avait impitoyablement nivelées; déterrait ses bordures ensevelies; redressait ses carrés, retraçait ses sentiers, jetait des graines dans tout cela, et, considérant son ouvrage avec fierté, il déclarait de nouveau, à qui voulait l'entendre, qu'avant deux mois il mangerait les meilleurs légumes de la Provence.

Mais, nous l'avons dit, son persécuteur ne voulait pas avoir le dernier mot, il avait pris de nouvelles forces dans la trêve qu'il avait traîtreusement accordée à son adversaire, et le cœur de M. Coumbes n'était pas plus tôt, comme son jardin, gros d'espoirs, qu'il se chargeait de les réduire à néant.

Il y avait vingt ans que cette lutte acharnée se continuait, et malgré tant de déceptions, quelle qu'eût été l'inutilité de ses efforts, oubliant aisément ses douleurs, M. Coumbes n'en était pas moins convaincu qu'il possédait un jardin exceptionnel, et que la nature sablonneuse du sol, jointe aux vapeurs salines qui montaient de la mer, devaient infailliblement communiquer à tous ses produits à venir une saveur que l'on n'aurait trouvée nulle part.

Le lecteur perspicace va nous arrêter ici et nous demander pourquoi M. Coumbes n'avait point cherché, ce qui ne manque pas à Marseille, un coin de terre abrité contre le vent qu'il redoutait si justement.

Nous répondrons au lecteur qu'on ne choisit pas ses maîtresses ; le Ciel nous les donne, et, laides ou infidèles, on les aimes telles que le Ciel nous les a mises au bras.

D'ailleurs, cet inconvénient avait sa compensation. Ce n'était pas sans de mûres et profondes réflexions que M. Coumbes s'était décidé à devenir acquéreur des deux arpents que nous lui avons vu acheter au commencement de ce récit.

A sa tendresse pour son cabanon, à la fierté que lui inspiraient ces objets des soins de toute sa vie, se joignait une autre passions dont, au siècle dernier, nous eussions indiqué l'objet en disant : « la blonde Amphitrite, » ce qui eût pu jeter quelque défaveur sur la pureté des mœurs de M. Coumbes, et que nous désignerons aujourd'hui par son nom le plus simple, en l'appelant la mer. Ce nom va d'autant mieux à notre but qu'il n'y avait absolument rien de poétique dans le culte que M. Coumbes avait voué à la mer.

Il nous en coûte d'avouer ce prosaïsme dans notre héros; mais ce qu'il aimait en elle, ce n'était ni sa tunique d'un bleu transparent, ni ses horizons infinis, ni le bruit mélodieux de ses vagues, ni ses rugissements, ni ses colères; il n'avait jamais songé à y voir le miroir de Dieu : il ne se la représentait, hélas! pas si grande; il l'aimait tout simplement et tout bonnement parce qu'il voyait en elle une source intarissable de bouille-abaisses.

M. Coumbes était pêcheur et pêcheur marseillais; c'est-à-dire que la jouissance de tirer de leurs grottes, toutes parsemées d'algues vertes, les *rascasses*, les *roucas*, les *bogues*, les *pataclifs*, les *garri*, les *fiélas* et autres monstres qui peuplent la Méditerranée, ne venait pour lui qu'après celle, bien plus grande encore, qu'il ressentait, lorsque, les ayant proprement couchés dans la casserole sur un lit d'oignons, de tomates, de persil et d'ail; après y avoir ajouté l'huile, le safran et les autres condiments nécessaires en quantités savamment combinées, il voyait une écume blanchâtre monter à la surface, il entendait la vapeur préluder à ce chant monotone qui détermine la cuisson, il aspirait à pleines narines l'odeur aromatisée de son plat national.

Tel était M. Coumbes; tel était son cabanon.

L'immeuble avait absorbé le propriétaire. Ils ne pouvaient se peindre l'un sans l'autre.

Nous devons ajouter, pour achever notre portrait, que, toute de briques et de moellons qu'elle était, la maison avait eu une influence désastreuse sur le cœur et le caractère de M. Coumbes.

Elle lui avait communiqué le plus sot de tous les vices, l'orgueil.

A force de contempler l'objet de ses amours, de se grandir de sa possession, il en était arrivé à mépriser souverainement ceux de ses semblables qui étaient privés d'un bonheur qui lui semblait inappréciable, et à jeter un coup d'œil dédaigneux sur l'œuvre de Dieu. Ajoutons que, si paisible et indifférente qu'eût été la vie de M. Coumbes, elle eût dû lui laisser d'autres affections que ces affections factices, d'autres regrets que ceux que lui donnaient les ravages du mistral.

Il y avait eu un drame dans son passé.

II

Millette

Laissons dire les poëtes :

« Le roseau est brisé comme le chêne; vient le

jour où, de même que les géants de la forêt, il gît couché sur la terre.

» Si la foudre l'épargne, la main glacée de l'Hiver se charge de l'arracher de sa tige ; il tombe de moins haut, mais qu'importe! puisqu'il tombe. Ne faut-il donc avoir des larmes que pour les douleurs des rois? Qui pleurera sur celles des mendiants?

» L'homme a beau se cacher dans l'herbe, il ne saurait échapper au malheur ; que la scène ait deux pouces ou qu'elle ait cent coudées de large, c'est toujours la même pièce qui se joue, pièce dans laquelle, petits ou grands, les acteurs se lamentent et s'arrachent les cheveux : ce n'est pas sur les cadres les plus exigus que les émotions sont les moins poignantes. »

Pourquoi M. Coumbes aurait-il échappé à la loi commune ?

Une femme, c'est leur rôle ici-bas, était, un beau jour, tombée au milieu de l'eau calme et dormante dans laquelle il végétait si délicieusement, et les larges cercles que sa chute avait laissés à la surface avaient failli changer ce lieu paisible en une mer grosse de tempêtes.

Elle s'appelait Millette ; elle était d'Arles, la patrie des Méridionales vraiment belles, aux cheveux noirs, aux yeux bleus, à la peau blanche et satinée comme si le soleil qui mûrit les grenades n'avait pas passé sur elle. Jamais le béguin blanc que ceint un large ruban de velours n'avait emprisonné une plus belle chevelure que ne l'était celle de Millette ; jamais fichu plissé n'avait dessiné un plus gentil corsage ; jamais robe n'avait été plus adroitement raccourcie pour laisser entrevoir une jambe fine, un petit pied cambré.

Millette pouvait passer, dans sa jeunesse, pour le type le plus complet de la beauté arlésienne, et, avec tant de raisons pour devenir une femme à la mode, Millette avait tenu toutes les promesses de son regard doux et honnête, et avait épousé vulgairement un homme de sa condition, un ouvrier maçon.

Il est triste que la Providence ne se charge pas de récompenser celles-là qui, comme Millette, vont droit au port, malgré les écueils, et donnent au monde l'exemple de la véritable vertu.

Mais le désintéressement de Millette lui porta malheur ; son union eut à peine quelques jours de printemps, et bientôt celui qu'elle considérait comme un papillon devint une *chenille*. Elle l'avait choisi pour mari, malgré sa pauvreté, parce qu'il lui semblait laborieux. Il lui prouva que la comédie du mariage se joue dans les galetas comme sous les lambris dorés ; il révéla ce qu'il était, c'est-à-dire querelleur, brutal, paresseux et débauché, et les beaux yeux de la pauvre Millette versèrent souvent des larmes abondantes.

Pierre Manas, c'était le nom du mari de Millette,

prétendit un jour que l'ouvrage devait être mieux rétribué à Marseille qu'à Arles, et proposa à sa femme d'aller s'y fixer. Ce déplacement coûtait beaucoup à Millette : elle aimait le pays où elle était née, où elle laissait tous les siens. De loin, la grande ville lui faisait peur, comme un vampire qui devait la dévorer ; mais ses larmes affligeaient sa vieille mère ; elle pensa qu'à distance il lui serait plus facile de les lui cacher, de lui persuader qu'elle était heureuse, et Millette acquiesça à la proposition de son mari.

Comme bien on le suppose, ce n'était pas l'espoir de trouver un travail plus lucratif qui attirait celui-ci à Marseille : il venait y chercher un théâtre plus large pour sa vie dissolue : il voulait échapper aux reproches que ses parents lui adressaient sur sa conduite.

Millette et son mari étaient à Marseille depuis quinze jours, que Pierre Manas n'avait pas encore délié le sac de toile qui contenait ses outils ; en revanche, il avait fait connaissance avec tous les cabarets qui peuplent les rues du vieux port, et il en était revenu avec force meurtrissures, qui attestaient la vigueur des poings de ceux qui les lui avaient distribuées.

Nous ne referons pas cette lugubre histoire, que chacun connaît, de la pauvre fille du peuple liée par la destinée à un mauvais sujet et qui n'a, elle, ni les distractions du monde, ni les compensations de l'aisance, ni les consolations de la famille : ces sortes de tableaux sont si navrants, que notre plume se refuse à les retracer ; nous dirons seulement que Millette but jusqu'à la lie ce calice d'amertume ; qu'elle souffrit la faim aux côtés de cette brute gorgée de vin ; qu'elle endura toutes les misères de la solitude et de l'abandon ; qu'elle connut ces désespoirs qui nous donnent une idée de ce qu'on nous dit de l'enfer.

Le sentiment du devoir était si profondément enraciné chez cette belle et noble créature, que, malgré tant de tortures, jamais l'idée ne lui vint qu'il lui était possible de s'y soustraire. Dieu avait mis la vertu dans son cœur, comme il a mis les douces chansons dans le gosier des oiseaux et les ailes de gaze azurées au corset des demoiselles. Seulement, il vint un jour où la prière, sa seule consolation, fut impuissante elle-même pour rafraîchir ce cœur desséché ; seulement, elle se reprocha d'avoir désiré être mère ; et les baisers qu'elle donnait à l'enfant que le ciel lui avait envoyé furent empreints à la fois de tendresse, de désespoir et de pitié, pour le sort que le père préparait à la pauvre petite créature.

A l'étage au-dessous du triste ménage, logeait un ouvrier qui était bien l'exacte contre-partie de Pierre Manas.

Comme ce dernier, il n'avait ni la haute stature, ni la mine fière et décidée ; il était mince et fluet, plutôt laid que beau, et avait une physionomie humble et triste, mais tout dans sa tournure révélait l'homme laborieux et rangé. Il se levait avant l'aube, et Millette, qui ne dormait guère, l'entendait ranger son petit ménage, comme eût pu le faire la chambrière la plus soigneuse. Un jour, la porte entre-bâillée lui avait permis de jeter un coup d'œil dans la chambre du voisin, et elle avait été émerveillée de l'ordre et de la propreté qui y régnaient.

Tous les habitants de la maison s'accordaient pour rendre justice au portefaix Paul Coumbes. Pierre Manas seul l'accusait de stupidité et de ladrerie. Il se moquait de ses habitudes paisibles et des goûts champêtres qu'il lui savait.

Un dimanche matin que le voisin, un paquet de graines sous le bras, s'en allait à la campagne, Pierre l'injuria parce qu'il refusait de le suivre au cabaret. Millette accourut au bruit, et elle eut beaucoup de peine à délivrer le jeune homme des importunités de son mari, et alors, les regardant tous deux descendre l'étroite spirale de l'escalier, Pierre, gouailleur et insolent, le voisin, résigné mais résolu, elle murmura en soupirant :

— Pourquoi celui-ci, et pas celui-là ?

Pendant les trois longues années que dura le martyre de Millette, ce fut le seul péché qu'elle commit, et encore se le reprocha-t-elle plus d'une fois comme un crime.

Au bout de trois années, cette existence désolée faillit avoir un dénoûment tragique.

Une nuit, Pierre Manas rentra dans un désordre affreux. Contre son habitude, il n'était qu'à moitié ivre ; il se trouvait dans cette période de l'ivresse qui prélude à la réaction torpide, et dans laquelle le vin n'agit encore que comme excitant. De plus, des matelots l'avaient battu, et, comme il tirait grande vanité de sa force physique, l'humiliation qu'il avait subie le rendait furieux ; il fut heureux de trouver un être faible sur lequel il pourrait venger sa déconvenue ; il rendit à sa femme les coups qu'il avait reçus des matelots. La pauvre Millette y était tellement habituée, que ses yeux, qui pleuraient sur l'abjection de son mari, ne trouvaient plus de larmes sur ses propres souffrances.

Ennuyé de la monotonie de cet exercice, Pierre Manas chercha une autre distraction. Malheureusement, en furetant dans tous les coins, il découvrit un verre d'eau-de-vie au fond d'une bouteille ; il le but et laissa au fond du verre le peu de raison qui lui restait.

Alors, il lui passa par le cerveau une idée étrange, une de ces idées qui rapprochent l'ivresse de la folie.

Un des matelots de ses adversaires avait raconté, quelques instants avant la lutte, comment, se trouvant à Londres, il avait vu pendre une femme. Il avait donné là-dessus des détails qui avaient passionné l'auditoire.

Pierre Manas était pris d'un désir féroce de voir, en réalité, ce dont il ne connaissait que le séduisant tableau.

De la pensée à l'exécution, il n'y eut qu'une minute d'intervalle.

Il chercha un marteau, un clou, une corde.

Lorsqu'il les eut trouvés, il ne chercha plus rien : potence et accessoires, il avait sous la main tout ce qu'il lui fallait. Sa pauvre femme ne comprenait pas, et regardait le futur bourreau avec des yeux étonnés, se demandant quelle nouvelle lubie lui avait passé par la tête.

Pierre Manas, qui, malgré son ivresse, avait gardé mémoire de toutes les circonstances du récit, tenait à faire les choses dans les règles.

Il commença par poser son propre bonnet sur la tête de sa femme, et le lui rabattit jusqu'au menton. Il trouva que le matelot n'avait rien exagéré, que c'était effectivement fort comique, et se prit à rire d'un rire expansif et joyeux.

Complétement rassurée par la gaieté de son mari,

Millette ne fit aucune difficulté pour se laisser lier les mains derrière le dos.

Elle ne se rendit compte des intentions de Pierre Manas que lorsqu'elle sentit le froid du chanvre sur son cou.

Elle poussa un cri horrible, en appelant au secours, mais tout dormait dans la maison. D'ailleurs, Pierre Manas avait habitué ses voisins aux cris de détresse de la malheureuse.

En ce moment, le jeune portefaix qui, depuis quelques temps, passait non-seulement les dimanches, mais encore toutes les soirées à la campagne, rentrait chez lui.

Le cri de Millette avait quelque chose de si funèbre, de si déchirant, qu'il sentit un frisson passer par tout son corps, et que ses cheveux se dressèrent sur sa tête. Il monta rapidement les vingt-cinq marches qui le séparaient du galetas du maçon, et, d'un coup de pied, il enfonça la porte.

Pierre Manas venait d'accrocher sa femme à un clou; la pauvre créature se débattait déjà dans les premières convulsions de l'agonie.

M. Coumbes — car c'était lui, nous l'avons déjà dit, du reste, qui était le voisin honnête et laborieux — se précipita au secours de la pauvre victime, et, avant que l'ivrogne fût revenu de l'étonnement que lui causait cette apparition, il avait coupé la corde, et Millette était tombée sur le lit.

Furieux de se voir privé de ce qu'il regardait comme la partie la plus intéressante du divertissement qu'il s'était promis, Pierre Manas se précipita sur M. Coumbes, en jurant qu'il les pendrait tous les deux. Celui-ci n'était ni brave ni fort; mais l'exercice de sa profession lui avait donné une grande adresse. Il se plaça devant le lit de la pauvre jeune femme, et tint tête à cette bête féroce jusqu'à l'arrivée des voisins.

Après eux, vint la garde. Pierre Manas fut conduit en prison, et la pauvre jeune femme put recevoir les premiers soins.

Il va sans dire que ce fut M. Coumbes qui les lui prodigua. Depuis longtemps, la douceur, la résignation avec laquelle Millette supportait son horrible situation, avaient touché son cœur, qui, cependant, était trop personnel pour être tendre. Il s'ensuivit une certaine liaison entre la locataire du grenier et son voisin de l'étage inférieur; liaison tout amicale, car, lorsque Pierre Manas passa en police correctionnelle, lorsqu'un avocat obligeant demanda à Millette si elle ne sollicitait pas la séparation de corps, il ne vint point à l'idée du portefaix qu'il avait dans son secrétaire la somme, faute de laquelle la pauvre créature ne pouvait espérer de repos ici-bas.

Pierre Manas fut condamné à quelques mois d'emprisonnement ; mais Millette demeura sa propriété, sa chose, qu'il pouvait reprendre à son gré, sur laquelle il pouvait achever l'expérience interrompue lorsque bon lui semblerait, quitte alors à faire un séjour un peu plus long dans les prisons d'Aix; et le tout, parce que la malheureuse n'avait pas quelques centaines de francs.

Lorsque, en revenant à elle, Millette apprit ce qui s'était passé, son premier mouvement fut de se désoler, de vouloir se lever pour aller demander la grâce de son mari. Heureusement pour la vindicte publique, elle était trop faible pour accomplir son dessein.

Pendant les premiers jours, le calme inaccoutumé qui s'était fait autour d'elle, les attentions dont son voisin la comblait, lui parurent étranges ; la vie misérable qu'elle avait menée lui semblait la vie normale; elle croyait rêver. Peu à peu elle s'y habitua, et ce fut le passé, au contraire, qui lui parut un songe.

Enfin, elle en arriva à trembler en pensant que ce songe pourrait bien devenir une réalité.

Pour se réconforter, elle se disait que la rude leçon qu'il aurait reçue ne pouvait manquer d'avoir corrigé son mari. Il l'était si bien, que, lors de l'expiration de sa peine, lorsque Millette alla humblement l'attendre à la porte de la prison, il ne daigna pas jeter un regard sur elle, et s'enfuit en donnant le bras à une autre femme de mauvaise vie, avec laquelle, selon les us des voleurs, devenus ses compagnons, il avait entretenu une correspondance galante pour tromper les ennuis de sa captivité.

Millette fut atterrée de ce nouveau trait.

Revenue chez elle, elle songea à retourner auprès de sa mère; une lettre cachetée de noir lui apprit, en ce moment même, que sa mère venait de mourir.

La pauvre jeune femme était désormais seule sur la terre. M. Coumbes, son ami, la consola du mieux qu'il put. Mais, si fort son ami qu'il fût, il ne songeait pas à aller au-devant de toutes les douleurs de la jeune femme, à lui épargner l'aveu de celle qui devenait chaque jour la plus cuisante, celle de la misère. Cette misère était grande; mais Millette était courageuse; elle la supporta longtemps avec cette énergie patiente qu'elle avait mise à soutenir les débordements de son mari. Enfin, l'ouvrage venant à lui manquer complétement, Millette avoua, à son bon voisin, qu'elle était réduite à chercher une condition.

Celui-ci réfléchit longtemps, regarda plusieurs fois son secrétaire en bois de noyer, sur lequel il ne laissait jamais la clef, puis déclara à Millette, avec un certain embarras, qu'étant sur le point de traiter pour une des maîtrises de sa corporation, il avait besoin de toutes ses ressources, et ne pouvait, à son grand regret, venir à son aide.

Millette se montra désolée qu'il l'eût si mal comprise, et lui assura avec vivacité que jamais elle n'avait songé à exploiter la bienveillance qu'il lui témoignait.

M. Coumbes lui reprocha de l'avoir interrompu et continua son discours en lui disant qu'il y avait peut-être moyen de tout arranger. Dans sa nouvelle position, il aurait besoin d'une servante, et lui donnait la préférence.

Millette se montra enchantée d'abord de voir les prédictions des voisins se réaliser, et le jeune portefaix sur la route de la fortune ; ensuite de la proposition elle-même que M. Coumbes venait de lui faire. Elle était si pure, si naïve, qu'il lui semblait tout naturel d'être la domestique de ce jeune homme, et, auprès de lui, elle crut que la servitude lui serait moins pénible.

M. Coumbes ne fut guère moins satisfait.

Non pas que les yeux de la belle Arlésienne eussent éveillé quelques désirs dans son cœur, non pas qu'il nourrît à l'endroit de la jeune femme quelque pensée déshonnête ; son cœur, réfractaire à l'amour, ne s'échauffait pas si facilement; mais parce que ses malheurs l'avaient touché, autant qu'il était susceptible de s'affecter de ce qui ne le regardait point; parce qu'il lui était agréable d'obliger ceux qu'il aimait sans qu'il en coutât rien à sa bourse, et enfin, faut-il le dire? parce qu'il n'aurait pas trouvé à Marseille une seule servante qui se contentât des gages qu'il comptait donner à Millette.

Méfiez-vous toujours des qualités négatives.

―――

III

Où l'on verra qu'il est quelquefois dangereux d'enfermer un corbeau et une tourterelle dans la même cage

Le visage de M. Coumbes, quasi imberbe malgré ses vingt-sept ans, donnait la mesure de son tempérament froid et mélancolique. Tout le monde le complimentait sur la beauté de sa servante, et c'était la chose dont il se souciait le moins. Lorsqu'ils se rendaient, Millette et lui, à Montredon de compagnie, ils ne s'apercevaient pas que les yeux de tous les passants s'arrêtaient curieusement sur le suave visage de la jeune femme; mais il souriait joyeusement en voyant ses petits pieds courir prestement dans la poussière, malgré le poids dont il avait chargé son épaule. Il ne remarquait pas le nombre d'envieux qui rôdaient le soir autour de sa demeure; mais il était convaincu que Millette avait un tel souci de ses intérêts, qu'il pouvait désormais se dispenser de la surveillance rigoureuse qu'il exerçait sur les menus détails du ménage. Le directeur de la congrégation religieuse, dont M. Coumbes faisait partie, comme tous les portefaix, le tança à propos du scandale que la présence de cette jeune femme, chez un homme de son âge, causait à nombre de fidèles; le maître de Millette, qui n'était cependant pas esprit fort, répondit qu'il fallait s'en prendre au bon Dieu qui l'avait faite, et non pas à lui qui n'était capable que de profiter honnêtement de ce chef-d'œuvre de la Providence.

L'indifférence de M. Coumbes dura deux ans entiers, et le conduisit jusqu'à un certain soir d'une seconde saison d'automne.

Ce soir-là, Millette chantait: les mauvais jours étaient si loin! Sa voix était fraîche et pure, non pas que nous entendions dire qu'un directeur d'opéra se fût écrié en l'entendant: « Voilà la pépite que je cherchais! voilà l'*ut* de poitrine ou l'*ut dièse* dont je suis en quête. » Non, c'était une voix qui n'avait pas grande étendue, qui n'avait pas pénétré le mystère du trille et de la cadence ; mais c'était une voix suave, douce, singulièrement sympathique. Elle avait surpris M. Coumbes au moment où il méditait sur un perfectionnement à apporter à la bouille-abaisse, et interrompu ses profondes réflexions à ce sujet. Son premier mouvement avait été d'imposer silence à la fauvette ; mais déjà le charme opérait, sa pensée n'obéissait plus à sa volonté, et, pour parler par image, elle glissait entre les doigts de celle-ci, comme le poisson que le pêcheur veut saisir dans sa *boutique*.

Il éprouva tout d'abord une sorte de frissonnement qu'il ne connaissait pas encore ; il fut pris de l'envie de mêler sa voix à la voix argentine qu'il entendait. Son ivresse n'était heureusement pas assez forte pour qu'il oubliât que toutes les tentatives de ce genre avaient été singulièrement malheureuses. Il se renversa dans son fauteuil à bascule et s'y berça en fermant les yeux. A quoi songeait-il ? A rien et à tout. L'idéal entre-bâillait pour lui la porte de son monde peuplé d'aimables fantômes ; sur le velours noir de ses paupières passaient et repassaient des milliers d'étoiles d'or et de flammes ; elles changeaient de forme, prenaient quelquefois celle de Millette, sous laquelle elles s'éteignaient après avoir papilloté quelques instants. Ses pensées allaient, avec une rapidité vertigineuse, des fleurs aux anges, des anges aux astres du ciel, puis revenaient à des divinités fantasques que son cerveau, ce cerveau qui jamais, jusque-là, n'avait été plus loin que les transformations architecturales du cabanon, créait avec une facilité qui tenait du prodige.

M. Coumbes crut qu'il devenait fou. Mais sa folie lui sembla si charmante, qu'il ne protesta point contre elle.

La chanson finie, Millette se tut, et M. Coumbes ouvrit ses yeux et se décida à quitter la région éthérée pour redescendre sur la terre. Sans se rendre compte pourquoi, son premier regard fut pour la jeune femme.

Millette étendait du linge sur des cordes au bord de la mer ; occupation bien prosaïque, et dans laquelle, cependant, M. Coumbes la trouva aussi belle que la plus belle des fées dont il venait de parcourir les royaumes enchantés.

Elle était vêtue d'un costume complet de blanchisseuse : d'une simple chemise et d'un jupon. Ses cheveux pendaient à moitié dénoués sur son dos, et le souffle de la brise de mer qui jouait avec eux lui en faisait une auréole. Ses épaules blanches et charnues sortaient de la toile bise comme un morceau de marbre poli par les flots sort du rocher ; non moins blanche était sa poitrine, qu'elle découvrait en levant les bras, tandis qu'en se dressant sur ses pieds elle faisait encore ressortir la fine cambrure de sa taille et le magnifique développement de ses hanches.

En la voyant ainsi, dorée par les rouges reflets du soleil couchant, se détachant sur l'azur noirâtre de la mer, qui faisait le fond du tableau, M. Coumbes crut retrouver un des anges de feu qui lui avaient semblé si beaux tout à l'heure. Il voulut appeler Millette; mais sa voix s'éteignit dans sa gorge desséchée, et alors il s'aperçut que son front était baigné de sueur, qu'il haletait, que son cœur battait à briser sa poitrine. En ce moment, Millette s'approcha, et, regardant M. Coumbes, elle s'écria :

— Ah ! mon Dieu, monsieur, comme vous êtes rouge !

M. Coumbes ne répondit pas; mais, soit que son regard, ordinairement gris et terne, eût, ce soir-là, quelque chose de fulgurant, soit que les effluves magnétiques qui s'échappaient de sa personne eussent gagné Millette à distance, celle-ci rougit à son tour et baissa les yeux; ses doigts, nerveusement crispés, jouèrent avec un fil de son jupon; elle quitta son maître et rentra dans le cabanon.

Après quelques instants d'hésitation, M. Coumbes l'y suivit.

L'automne est le printemps des lymphatiques.

IV

Cabanon et chalet

M. Coumbes possédait à un degré éminent le sentiment de sa position sociale. Il n'était pas de ces gens qui représentent l'Amour avec un niveau en guise de sceptre, qui acceptent des fers forgés par la main de leur cuisinière : fi donc! il n'en eût pas voulu quand bien même cette main eût été celle des Grâces. Il n'était pas même de ceux qui pensent que, lorsque la porte est close, le couvert mis, le vin tiré, il n'y a que le diable qui s'inquiète de la place où l'on a mis Babet.

Il avait embrassé le sexe féminin dans une universelle aversion. Millette avait constitué la seule exception qu'il eût faite à cette manière de voir. Il s'en étonnait trop pour ne pas conserver son sang-froid, pour ne pas demeurer avec sa raison saine et complète dans les moments mêmes où le roi des dieux perdait la sienne. Si le chant de celle-ci avait eu sur lui cette influence fécondatrice d'un soleil printanier sur la nature, elle n'allait pas jusqu'à lui faire oublier le décorum, la solennité des gestes et de langage qui conviennent à un maître vis-à-vis de sa domestique; et maintes fois, au moment précis où l'effervescence des sens devait lui faire oublier qu'il eût jamais existé entre eux une distance, la dignité de M. Coumbes protestait par quelques paroles graves, par quelques recommandations fortement motivées, sur les soins du ménage, qui devaient rappeler à la jeune femme que jamais, quoi qu'il en semblât, son maître ne se déciderait à voir en elle autre chose qu'une servante.

La passion ne joue pas toujours, dans les rapprochements des deux sexes, un rôle aussi essentiel qu'il le semble. Mille sentiments divers peuvent amener une femme à se donner à un homme. Millette avait cédé à M. Coumbes parce qu'elle éprouvait pour les services qu'il lui avait rendus une gratitude exagérée; parce que le maître portefaix, honnête, rangé, heureux, arrivant à la fortune avec une fermeté d'idées peu commune, trouvait en elle une admiratrice convaincue. La tête vulgaire du propriétaire du cabanon de Montredon était, à ses yeux, entourée d'une auréole; elle le considérait comme un demi-dieu, l'écoutait respectueusement, partageait ses engouements et était arrivée, à sa remorque, à trouver à sa bicoque des proportions véritablement olympiennes. Quoi que M. Coumbes eût demandé au dévouement de la pauvre femme, il n'eût jamais laissé échapper l'occasion de se manifester : la conviction de son infériorité lui faisait considérer tout refus comme impossible.

Aussi, n'ayant jamais caressé de chimériques espérances, elle n'en connut pas la déception, partant point d'humiliation ; elle accepta sa position telle que la lui faisait son maître, avec une sorte de résignation tendre et reconnaissante.

Les années s'écoulèrent ainsi, empilant écus sur écus dans le coffre-fort du maître portefaix, entassant couffin de terreau sur couffin de fumier dans le jardinet de Montredon.

Mais leur destinée était différente : tandis que le mistral éparpillait terreau et fumier, les écus demeuraient, s'arrondissaient, produisaient.

Ils produisaient si bien, qu'après une quinzaine d'années, M. Coumbes éprouva des défaillances, le lundi de chaque semaine, lorsqu'il lui fallait quitter Montredon, son figuier, ses légumes et ses lignes, pour regagner son étroit appartement de la rue de la Darse, et que ces crises hebdomadaires devinrent de semaine en semaine plus violentes. L'amour du cabanon et l'amour des richesses luttèrent quelque temps dans son cœur. Dieu lui-même ne dédaigna pas d'agir sur M. Coumbes dans la cause en litige. En l'an de grâce 1845, il enchaîna l'ennemi particulier de celui-ci dans les retraites caverneuses du mont Ventoux, et il nous envoya un été doux et humide. Les sables de Montredon firent merveille, pour la première fois depuis que le maître portefaix possédait sa villa. Les salades ne séchèrent pas dans leur maillot, les fèves poussèrent rapidement, les tiges frêles des tomates se courbèrent sous les régimes de leurs pommes côtelées ; et un samedi soir, en arrivant à son jardin, M. Coumbes, dont la surprise égalait le bonheur, compta deux cent soixante-dix-sept fleurs dans un carré de poix. Il s'attendait si peu à ce succès inespéré, que, de loin, il les avait prises pour des papillons. Cet événement triompha de toutes ses résistances. Du moment où une fleur s'ouvrait dans le jardin de M. Coumbes, il eût été indécent qu'il n'assistât pas à son épanouissement. Il céda sa charge, réalisa et plaça son petit avoir, sous-loua son appartement et s'établit définitivement à Montredon.

Millette ne vit pas d'un très-bon œil ce changement de résidence.

En nous appesantissant outre mesure sur les faits et gestes du propriétaire du cabanon, nous avons un peu négligé un personnage qui doit jouer un certain rôle dans ce récit.

Il est vrai que, pendant les dix-sept ans que nous venons de franchir, l'existence de ce personnage n'eût offert qu'un médiocre intérêt à nos lecteurs.

Nous voulons parler de l'enfant de Millette et de Pierre Manas.

Il s'appelait Marius, comme nombre de Marseillais. C'est ainsi que la reconnaissance des habitants de la vieille Marseille perpétue le souvenir du héros qui délivra leur pays de l'invasion des Cimbres; touchant exemple, qui les recommande encore à l'admiration de ceux qu'ils nomment les *Français*. Il s'appelait donc Marius.

A l'époque où nous voilà parvenus, c'était, dans toute la force du mot, un beau garçon, un de ces jeunes gens que les femmes ne rencontrent pas sans redresser la tête, comme un cheval au bruit de la trompette.

Nous laisserons nos lectrices se tracer elles-mêmes le portrait de Marius à leur guise, en suivant leurs goûts particuliers, en leur demandant d'avance pardon si, dans la suite de cette narration, la vérité nous oblige à contrarier des prédilections auxquelles nous cherchons à complaire en ce moment.

La pauvre Millette adorait son enfant; elle avait pour cela une foule de raisons, dont la meilleure était que, si naturel que fût ce sentiment, elle se trouvait forcée de le contraindre.

Sans éprouver d'aversion pour Marius, M. Coumbes ne l'aimait point. Il était parfaitement incapable d'apprécier les joies de la maternité ; mais il chiffrait trop bien pour ne pas en mesurer les charges.

Millette sacrifiait pour l'éducation de son enfant les modestes gages que M. Coumbes lui soldait aussi strictement que si son chant ne l'eût pas enthousiasmé quelquefois, et M. Coumbes plaignait la pauvre femme, déplorait les sacrifices qu'elle était obligée de s'imposer pour laisser apprendre l'A B C à ce petit drôle, et les allégeait généreusement par l'économique compassion qu'il lui témoignait, compassion qui ne s'exprimait pas seulement en condoléances, mais encore en rebuffades à l'adresse du petit garçon.

Lorsque ce dernier eut grandi, ce fut bien une autre affaire ! M. Coumbes avait inventé, pour sa consolation personnelle, un axiome que nous recommandons à tous ceux que la sincérité du miroir désoblige : il prétendait qu'un joli garçon est nécessairement un mauvais sujet ; et Marius devenait décidément un joli garçon.

Le sourcil de M. Coumbes se fronça de plus en plus en le regardant. Il gourmanda Millette de ce qu'elle montrait une tendresse folle pour son enfant, prétendant que son engouement pour lui la détournait de ses devoirs domestiques. Il se plaignit à plusieurs reprises de la négligence qu'elle avait apportée, disait-il, à la confection de quelque plat, l'attribua aux distractions que lui causait celui que, par anticipation, il nommait *le garnement*, et, en même temps, dans sa logique, il exerça une surveillance de tous les instants sur sa bourse; il croyait impossible qu'avec des yeux comme ceux qu'il possédait, ce jeune homme ne la lui dérobât pas quelque jour.

Il résultait de ces dispositions de M. Coumbes que Millette était obligée de se cacher pour embrasser son enfant. Celui-ci ne paraissait point s'en apercevoir. Il avait dans l'âme la noblesse innée, l'élévation de sentiments qui caractérisaient sa mère.

Millette lui avait laissé ignorer le passé; elle ne lui avait rien raconté de sa triste histoire, mais sans cesse elle lui répétait qu'il devait aimer et vénérer celui qu'elle ne nommait jamais autrement que leur bienfaiteur; et l'enfant s'était efforcé de manifester la reconnaissance qui débordait de son cœur, et qu'il eût éprouvée quand bien même M. Coumbes n'y eût eu d'autres titres que l'affection qu'il avait su inspirer à une mère que Marius chérissait si tendrement.

En grandissant, Marius, s'il continua de se montrer plein de soins et d'attentions vis-à-vis de M. Coumbes, y joignit encore une patience sans bornes et toute pleine de respect. Il était évident que, dans sa perspicacité, le jeune homme croyait avoir deviné que des liens plus réels que ceux du bienfait existaient entre le maître portefaix et lui.

Ce qui avait pu le confirmer dans cette croyance, c'est que, s'étant peu à peu habitué à appeler M. Coumbes son père, celui-ci ne s'y était point opposé.

Lorsque M. Coumbes quitta Marseille pour Montredon, il y avait un an que le fils de Millette était entré, comme commis subalterne, dans une maison de commerce. Chaque soir, il s'échappait pour aller embrasser sa mère. C'était ce baiser du soir qu'elle allait perdre qui inspirait à Millette les regrets que semblait lui causer la ville. Elle fut si triste, que M. Coumbes s'en aperçut. Il était si joyeux de triompher sur toute la ligne, de voir réduits au silence les mauvais plaisants qui avaient prétendu que, pour avoir des arbres dans son jardin, il serait forcé d'emprunter des décors au grand théâtre, qu'il ne voulut pas que le visage de Millette fît tache dans son bonheur.

Il lui permit, en conséquence, de faire venir son fils tous les dimanches.

V

Où l'on voit qu'il peut quelquefois être désagréable d'avoir de beaux pois dans son jardin

Vers le milieu de cet été de l'année 1845, il arriva un événement qui modifia singulièrement la vie de M. Coumbes.

Un soir qu'il accaparait l'ombre de son figuier et celle de sa maison réunies, qu'à demi renversé sur sa chaise, la tête appuyée sur le dernier barreau, il suivait de l'œil, non point les nuages dorés qui fuyaient vers le couchant, mais le progrès des figues qui s'arrondissaient à l'aisselle de chacune des feuilles de son arbre et que son imagination en savourait par avance la pulpe ambrée, il entendit le bruit des voix de deux individus qui marchaient le long du treillis de roseaux qui clôturait son jardin sur la rue. L'une de ces voix disait à l'autre :

— Vous allez juger de la qualité de ce sable, tron de l'air ; ni à Bonneveine, ni aux Aygalades, ni à la

Blancarde, ni pour or, ni pour argent, vous ne pourriez trouver ce que vous allez voir. Le roi de France, monsieur, le roi de France n'a rien de pareil dans son jardin!

Au même instant, et tandis que, avec un battement de cœur, M. Coumbes cherchait à qui pouvaient s'adresser ces éloges, les individus s'arrêtèrent devant la petite grille en bois qui clôturait l'habitation. L'un d'eux était un propriétaire du voisinage; l'autre, un jeune homme que M. Coumbes voyait pour la première fois à Montredon.

Le premier s'arrêta, et, désignant le jardin, alors luxuriant de verdure, et principalement le carré de pois qui ondulaient au souffle de la brise :

— Voyez! s'écria-t-il avec un geste qui doublait la solennité de son accent impératif.

M. Coumbes devint rouge comme une jeune fille que l'on complimente pour la première fois sur sa beauté, et il se sentit tout prêt à baisser modestement les yeux.

Le jeune homme considéra le jardin avec moins d'enthousiasme que son interlocuteur, mais cependant avec une attention soutenue; puis tous deux s'éloignèrent, et M. Coumbes ne dormit pas. Toute la nuit, il rêva aux compliments qu'il adresserait à ce gracieux personnage, la première fois qu'il pourrait le rencontrer.

Le lendemain, il arrosait ces chères productions, Millette l'aidait à cette tâche, lorsqu'il entendit un nouveau bruit, non plus venant de la rue, mais du côté où un long espace de dunes et de collines séparait son habitation de la demi-douzaine de maisons que l'on appelle le village de la Madrague, espace jusqu'alors resté désert et abandonné aux sauges, aux immortelles, aux œillets sauvages qui le tapissaient, suivant la saison, de leurs fleurs blanches, jaunes ou roses.

— Qui diable vient là ? dit M. Coumbes alléché par le miel qu'il avait goûté la veille.

Puis, sans laisser à Millette le temps de lui répondre, il transporta une chaise le long de sa muraille de roseaux, et, les écartant avec délicatesse, il se mit en mesure de satisfaire sa curiosité.

Ces voix, ce n'était rien de plus ni de moins que celles de trois ou quatre ouvriers ; — mais ces ouvriers portaient des cordes, des pieux et des jalons ; ils traçaient des angles dans le terrain vague qui bordait le cabanon de M. Coumbes, et celui-ci n'était pas homme à ne pas demander ce que cela signifiait.

On lui apprit, qu'un habitant de Marseille, séduit peut-être par la brillante perspective que l'habitation de M. Coumbes offrait aux passants, avait acheté cette terre et allait y faire construire une villa à l'image de la sienne.

M. Coumbes fut assez indifférent à cette nouvelle. Il n'était pas misanthrope par parti pris de misanthropie. Il avait accepté la solitude plutôt qu'il ne l'avait cherchée; la société de ses semblables n'avait rien qui l'attirât, quoique cependant il n'en fût point arrivé à la fuir.

Toutefois, il ne tarda pas à en sentir les inconvénients. Dès le lendemain, les maçons creusèrent un fossé le long du treillage qui séparait les deux habitations.

M. Coumbes renouvela ses interrogations, et il lui fut répondu que son futur voisin ne jugeait pas que des roseaux fussent une clôture suffisante, et comptait, pour ce qui le regardait, les remplacer par un vaste parallélogramme de pierre.

L'indifférence de M. Coumbes prit, sur ces mots, la tournure d'une contrariété. Il réfléchit que ces inutiles fortifications allaient lui faire perdre la vue de la mer et du cap Croisette, et, à l'instant même, il s'éprit follement de leurs beautés. Puis, cette construction humiliait la sienne. Ses roseaux allaient faire une bien piteuse figure auprès du beau mur de son voisin. Son cabanon, mis en comparaison avec une villa, allait considérablement déchoir dans l'opinion publique. Cette dernière considération était si forte, qu'il alla immédiatement requérir un maçon de son voisinage et le mit à l'œuvre pour égaler son voisin.

Cette dépense fit bien murmurer sourdement l'esprit d'ordre et d'économie qui présidait à toutes les actions de M. Coumbes; mais son amour-propre de propriétaire sut étouffer ces reproches. Il se dit qu'une muraille protégerait bien autrement son jardin que les roseaux ne l'avaient fait jusqu'alors; qu'elle aurait encore sur ceux-ci l'avantage de mettre à l'abri des voleurs les fruits et les légumes, qui désormais ne pouvaient plus manquer. Et, lorsque la quadruple muraille fut achevée, elle avait si bon air, elle était si blanche, si proprement récrépie; les morceaux de bouteille, dont on avait orné son faîte, reluisaient si joliment au soleil, que M. Coumbes se sentit plein de reconnaissance pour celui dont l'initiative l'avait décidé à cette dépense.

M. Coumbes se remit donc à pêcher, à bêcher et à être heureux de plus belle, ne s'inquiétant de son futur voisin que pour songer aux belles parties qu'ils pourraient faire de compagnie, si par hasard il aimait la pêche.

Cependant, quelque temps après, ayant jeté un coup d'œil sur les travaux qui marchaient rapidement, il s'aperçut qu'ils étaient d'une importance qu'il n'avait pas supposée jusqu'alors, et pour la première fois il se sentit mordu au cœur par une pensée envieuse. Mais il se hâta de la repousser. Si le cabanon du voisin devait être le plus grandiose, le sien resterait le plus coquet de Montredon. Avait-il jamais envié, lorsqu'il manœuvrait sa jolie péniche, la belle frégate du roi qu'il voyait couvrant la mer de l'ombre de ses voiles?

Il ne dégagea pas si bien son cœur de ces mauvaises idées, qu'il n'éprouvât cependant un secret sentiment de joie, lorsqu'il remarqua que la charpente de la maison de son voisin était lourde et massive; qu'elle débordait de plusieurs pieds les pignons qui la supportaient, et qu'elle déshonorait enfin, par son défaut de proportions, l'édifice qu'elle devait recouvrir. Mais les couvreurs, les menuisiers et les peintres arrivèrent : — ceux-là apportant des tuiles d'une forme nouvelle; ceux-ci posant à tous les étages des balcons si délicatement ouvragés, qu'ils ressemblaient à de la dentelle; les troisièmes peignant les murs en planches de sapin richement veinées, et ils firent si bien que, peu à peu, l'harmonie reparut dans la construction, et qu'elle prit une tournure un peu rustique, mais des plus élégantes.

C'était un chalet, et les chalets, alors peu communs, étaient fort admirés.

Nous ne jurerions pas cependant que l'admiration fût le sentiment que celui-ci excita chez M. Coumbes.

Il le regarda d'un air de mauvaise humeur, avec ses gros sourcils froncés et ses lèvres pincées ; et une fois encore, sa raison, son bon sens eurent une lutte à soutenir contre les suggestions passionnées de son orgueil. Il en triompha cette fois encore, mais toujours à peu près ; car, bien que sa curiosité fût vivement excitée, qu'il désirât ardemment savoir le nom de l'heureux possesseur de ce nouveau domaine, il ne put se décider à l'aller demander aux ouvriers. Il lui semblait que sa rougeur eût révélé l'appréhension que lui causait cette rivalité future. Il était embarrassé, inquiet, et ne regardait plus qu'à la dérobée les murs rougeâtres du cabanon dont il était naguère si fier et si heureux.

Ce nom, malgré le soin qu'il apportait à écarter toute pensée qui lui rappelât le chalet neuf, ce nom le préoccupait sans cesse. Le hasard se chargea de le lui apprendre.

La construction voisine avait marché si rapidement, que quelques légumes témoignaient encore de la splendeur qui, l'été précédent, avait caractérisé le jardin de M. Coumbes. La poussière du plâtre et de la chaux, que les maçons du voisinage avaient répandue dans l'atmosphère, avait enduit ces légumes d'une façon compromettante, et le portefaix, une brosse à la main, un seau d'eau à ses pieds, s'occupait de les en débarrasser.

Il entendit rouler une voiture, et cette voiture s'arrêter devant la grille qui fermait le jardin du voisin.

Le matin, il avait remarqué quelques apprêts qui indiquaient que les ouvriers attendaient le nouveau propriétaire, et, ne doutant pas que ce ne fût lui, M. Coumbes grimpa sur sa chaise et passa doucement la tête au-dessus du mur mitoyen. Il aperçut les ouvriers groupés dans la cour; un d'eux avait un énorme bouquet à la main. Il les vit s'avancer vers la voiture et le présenter à un de ceux qui en descendaient.

Celui auquel on présenta le bouquet était un homme de vingt-cinq ans, vêtu avec recherche, à la physionomie ouverte et décidée. Trois amis l'accompagnaient. Il prit le bouquet, et glissa en échange un pourboire dans la main de l'ouvrier ; ce pourboire devait être satisfaisant, car la physionomie de celui-ci passa de l'immobilité à l'enthousiasme. Il poussa un cri formidable de *Vive M. Riouffe!* et ses compagnons, certains qu'il n'en faisait ainsi qu'à bon compte, mêlèrent leurs hourras aux siens avec une joie frénétique.

Ce nom de Riouffe était parfaitement inconnu à M. Coumbes.

Pendant que les jeunes gens examinaient la maison à l'intérieur, les ouvriers s'étaient rassemblés vis-à-vis du poste d'observation de M. Coumbes, et il les vit compter et partager leur argent. Le pourboire était de cinq louis.

— Peste! se dit M. Coumbes, cent francs! Il faut qu'il soit bien riche, ce monsieur, et cela ne m'étonne plus s'il a mis si gros à sa bâtisse. Lorsque la mienne fut achevée, c'est dix francs, je crois, que je donnai aux journaliers, et il y en a beaucoup qui se vantent et qui n'en donnent pas autant. Cent francs! mais il possède donc tous les navires du port de Marseille, cet homme! Après cela, tant mieux! cela jettera un peu de distraction dans le voisinage. Et puis, un gaillard si riche, cela doit acheter son poisson; et celui-là, du moins, j'en suis sûr, ne viendra pas pêcher dans mes eaux et ravager la côte. Il a l'air d'un bon diable, gai, franc, sans façons; il donnera des dîners, il m'invitera peut-être. Parbleu! il doit m'inviter, ne suis-je pas son voisin? Allons, allons, décidément, je suis enchanté que l'idée lui soit venue de s'établir à Montredon.

VI

Chalet et cabanon

M. Coumbes, tout entier à la perspective que son imagination ouvrait sur l'avenir, se frottait allègrement les mains, lorsqu'il entendit ouvrir une fenêtre de la maison neuve. Il baissa promptement la tête pour ne pas être surpris dans son petit espionnage ; et les jeunes gens parurent sur le balcon du chalet. Ils parlaient tous à la fois et à grand bruit :

— Belle vue! disait l'un ; la plus belle vue de tout le pays.

— Il n'entrera pas un navire dans le port de Marseille sans passer sous le feu de nos lunettes, disait un autre.

— Sans compter le poisson ; il n'y a qu'à étendre la main pour le prendre, faisait le troisième.

— Mais le poste, le poste, je ne vois pas le poste, reprenait le premier.

— Donne-toi donc un peu de patience, dit à son

tour le maître de la maison; si vous voulez un poste, vous aurez une caillerie, vous aurez tout ce qui vous plaira. N'est-ce pas pour les autres, encore plus que pour moi-même, que j'ai fait bâtir ce cabanon?

— Il n'y a qu'une chose, mon bon, que je te défie de te procurer : ce sont des arbres.

— Bah! des arbres! A quoi bon des arbres? fit celui qui avait parlé le premier. Ne trouve-t-on pas des fruits à Marseille, et ne peut-on en apporter?

— Et te feras-tu apporter de l'ombre?

— Soyez tranquilles, dit encore le propriétaire, vous aurez des arbres; nous ne sommes isolés que d'un côté, et de celui-ci, ajouta-t-il en indiquant la maison de M. Coumbes, il importe de nous mettre à l'abri de l'espionnage.

— Oui, car ce serait désagréable d'être, une fois encore, inquiétés par la police.

— Eh! tron de l'air! c'est vrai; tu as un voisin de ce côté ; je n'avais pas vu cette cassine.

— Quelle bicoque, mon Dieu!

— C'est une cage à poulets.

— Eh! non... Vous le voyez bien, elle est peinte en rouge : c'est un fromage de Hollande.

— Et qui demeure là? Le sais-tu?

— Une vieille bête, trop occupée à voir si ses choux ne poussent pas, par hasard, pour jeter un coup d'œil indiscret sur les faits et geste des membres de la société des Vampires. Soyez tranquille, mes renseignements sont bien pris. D'ailleurs s'il devenait gênant, il y aurait toujours moyen de s'en débarrasser.

M. Coumbes ne perdait pas une parole de cette conversation. Lorsqu'il avait entendu insulter sa propriété, il avait eu, pendant un moment, l'idée d'apparaître et de répondre à l'insulte par une critique raisonnée de l'habitation voisine dont, en ce moment, tous les défauts lui apparaissaient saillants ; mais, lorsque le jeune maître parla de vampires, lorsqu'il déclara, avec une aisance et une insouciance parfaites, son intention de se délivrer d'un voisin incommode, M. Coumbes supposa qu'il était en face d'une redoutable association de malfaiteurs. Tout son sang reflua dans ses veines ; il se courba de plus en plus pour échapper aux regards de ces suceurs de sang, jusqu'à ce qu'il fût complétement aplati sur sa chaise.

Cependant, n'entendant plus aucun bruit, il reprit peu à peu ses esprits et voulut jeter un coup d'œil dans le camp de ceux que, à dater de cet instant, il considérait comme ses ennemis. Il releva doucement d'abord son buste, ensuite sa tête, se grandit de toute la hauteur de ses pieds, jusqu'à ce que son front fût arrivé au niveau de l'arête supérieure du mur. Mais, en ce moment même, un des jeunes amis de M. Riouffe avait eu la même idée que M. Coumbes, et avait choisi précisément la même place que lui, pour inspecter le domaine du voisin, de telle sorte que, lorsque ce dernier leva les yeux, il aperçut, à un pied de son visage, une figure à laquelle de légers favoris noirs donnaient un air vraiment satanique.

La surprise de M. Coumbes fut si violente, le mouvement de terreur que cette sensation imprima à son corps fut si brusque, que la chaise, mal assurée dans le sable, chancela, et qu'il roula dans la poussière.

A l'appel de leur compagnon, les trois autres jeunes gens accoururent, et ce fut au milieu des huées, sous une pluie de brocards et de lazzis, que l'infortuné M. Coumbes opéra sa retraite jusqu'à son cabanon.

La guerre était déclarée entre le vieux propriétaire et ceux qu'il avait entendus se qualifier du titre de membres de la société des Vampires.

Bien que M. Coumbes fût resté parfaitement étranger au mouvement romantique de l'époque, et qu'il n'eût jamais cherché à approfondir la physiologie des monstres du monde intermédiaire, ce mot de vampire lui rappelait vaguement quelques contes qui avaient bercé son enfance, et leur souvenir, si indécis qu'il fût, lui donnait le frisson.

M. Coumbes pensa à prévenir l'autorité, mais il

n'avait rien de précis à lui déclarer, puis il rougissait de sa faiblesse, en sorte qu'il résolut d'attendre les actes de violence qu'il prévoyait avant de recourir à la protection de la loi, décidé à exercer d'ici là, sur ses voisins, une surveillance de tous les instants.

Malheureusement, il semblait que d'avance le maître du chalet se méfiât de M. Coumbes ; car, deux jours après, ainsi qu'il l'avait promis, il avait fait planter le long du mur mitoyen une rangée de beaux cyprès pyramidaux qui le dépassaient déjà de deux pieds.

Ces précautions ne firent que redoubler les appréhensions de M. Coumbes, et, décidé à déjouer les complots de ceux que, par avance, il qualifiait de scélérats, à mettre au jour les crimes dont il ne doutait pas qu'ils ne se rendissent coupables, il installa à petit bruit, et à l'aide de quelques bancs, une espèce de belvédère sur son toit, qui était presque plat et d'où il dominait la propriété à laquelle il devait déjà tant de soucis.

Pendant une semaine, il ne manqua point, au moindre bruit, de se rendre à son poste; mais il n'aperçut ni M. Riouffe ni ses compagnons. On apportait des meubles et des ustensiles de cuisine, et ce n'était pas de cela que M. Coumbes était curieux. Le vendredi, en voyant descendre d'une charrette une machine volumineuse, recouverte d'une toile grise, de laquelle sortait deux longs bras en fer, terminés par des leviers, aux précautions que l'on prit pour introduire cet objet dans la cour du chalet, il pensa avoir découvert le mot de l'énigme.

La société des Vampires était une société de faux monnayeurs, et ce fut avec le cœur plein d'angoisse, avec la respiration haletante, qu'il monta à son observatoire, dans la soirée du samedi.

M. Riouffe arriva vers huit heures avec ses trois compagnons.

La nuit était sombre et sans étoiles; le chalet avait hermétiquement fermé ses persiennes à travers lesquelles filtraient quelques pâles rayons de la lumière qui éclairait une pièce du rez-de-chaussée.

Tout à coup, et sans que M. Coumbes eût entendu marcher sur la route, la grille du jardin de son voisin roula sur ses gonds; il aperçut de grands fantômes vêtus de noir, qui glissaient plutôt qu'ils ne marchaient sur le sable des allées.

Il entendit le bruissement de l'espèce de linceul qui lui dérobait leurs formes.

Ces fantômes entrèrent sans bruit dans le chalet, qui resta silencieux et morne.

Le cœur de M. Coumbes battait à lui briser la poitrine. Une sueur froide perlait sur son front. Il ne doutait pas qu'il n'allât assister à quelque étrange spectacle. Effectivement, la porte du chalet s'ouvrit de nouveau, mais, cette fois, pour laisser sortir ceux qu'il contenait.

Les deux premiers qui se présentèrent étaient vêtus de la cagoule de pénitents gris, de ceux que l'on appelle, à Marseille, de la Trinité, et dont les principales fonctions sont d'enterrer les morts.

L'un d'eux tenait dans sa main une corde. L'autre bout était attaché au cou d'une jeune fille, qui marchait immédiatement après eux. Puis derrière eux venaient d'autres pénitents vêtus de toile bise comme les premiers.

La jeune fille était effroyablement pâle ; ses longs cheveux dénoués pendaient sur ses épaules et voilaient sa poitrine que la robe de lin qui lui servait d'unique vêtement laissait à découvert.

Lorsque tous les pénitents furent rassemblés dans le jardin, ils entonnèrent d'une voix sourde et voilée les psaumes des morts. Au troisième tour, ils s'arrêtèrent devant le puits. Ce puits était surmonté d'une branche de fer formant potence.

L'un des pénitents escalada cette branche de fer, et s'y tint accroupi comme une énorme araignée.

Un autre attacha la corde à un anneau.

On fit monter la jeune fille sur la margelle du puits, et il sembla à M. Coumbes que le bourreau ne répondait aux supplications que lui adressait la victime qu'en recommandant à son compagnon de se tenir prêt à s'élancer sur les épaules de la malheureuse.

Les autres pénitents entonnaient le *De profundis*.

M. Coumbes tremblait comme une feuille ; il entendait ses dents s'entre-choquer ; il ne respirait plus, il râlait. Cependant il ne pouvait laisser mourir ainsi cette infortunée. Il devait songer à l'arracher à cette mort affreuse, plutôt que de se réserver pour venger ses mânes. Il rassembla donc toutes ses forces, et poussa un cri qu'il essaya de rendre terrible, mais que la terreur qu'il éprouvait étrangla dans sa gorge.

En ce moment, il lui sembla que les cataractes du ciel s'ouvraient sur sa tête ; il se sentit inondé, et la commotion violente d'une masse d'eau lancée avec force, l'atteignant à la poitrine, le renversa en arrière. On avait dirigé sur lui la lance d'une pompe à incendie, manœuvrée par dix bras vigoureux.

Son toit était heureusement à peu de distance du sol, et le sable qui formait celui-ci était si moelleux, qu'il ne se fit aucun mal. Mais, à moitié fou, perdant la tête, ne se rendant pas compte de ce qui venait de lui arriver, il courut chez le maire de Bonneveine.

Il trouva le magistrat dans l'unique café de l'endroit, charmant par une partie de piquet les loisirs que lui laissaient ses administrés.

Lorsque M. Coumbes entra dans la salle enfumée, avec ses habits mouillés et couvert d'une épaisse couche de sable, la figure pâle, les yeux égarés, il y fut accueilli par un éclat de rire homérique. Ces éclats de rire redoublèrent lorsqu'il raconta ce qu'il avait vu et ce qui venait de lui arriver.

Le maire eut beaucoup de peine à faire comprendre à l'ancien maître portefaix qu'il avait été victime d'une mystification ; que ces jeunes gens, ayant découvert son indiscrétion, avaient voulu l'en punir, et qu'il n'avait pas le droit de s'en plaindre. Il eut beau lui conseiller d'en rire, il ne put jamais l'y déterminer.

M. Coumbes sortit furieux du café. Rentré chez lui, le dépit et la colère l'empêchèrent de trouver un instant de repos. N'eût-il pas été tourmenté de ces sentiments, qu'il n'eût pas dormi davantage.

M. Riouffe et ses amis firent pendant toute cette nuit un sabbat infernal. C'étaient des cliquetis de verres et d'assiettes, des fracas de bouteilles cassées, des rires qui n'avaient rien d'humain. Vingt voix chantaient vingt chansons qui n'avaient entre elles que ce rapport qu'elles étaient toutes empruntées à ce que la marine offre de plus salé en ce genre, qu'un bruit de pelles, de casseroles et de chaudrons entre-choqués leur servait invariablement d'accompagnement.

Il était temps que le jour vînt ; sans cela, la rage de M. Coumbes eût dégénéré en fièvre chaude. Mais le jour n'améliora pas complétement sa situation. Ses damnés voisins ne semblaient point décidés à prendre du repos, et le charivari, pour diminuer, ne s'éteignit pas tout à fait ; si les chants cessèrent, si le charivari s'apaisa, les cris et les rires n'en continuèrent pas moins.

En outre, en se collant contre son carreau, il sembla à M. Coumbes qu'une sentinelle placée sur le balcon guettait le moment où il sortirait de la maison. Il en résulta que, pour ne point s'exposer aux quolibets de la bande, et bien qu'il eût projeté une superbe partie de pêche à Carri, il demeura tout le jour enfermé dans sa demeure, sans oser prendre l'air à la porte, sans oser entr'ouvrir sa fenêtre.

Le soir, l'orgie recommença chez ses voisins, et ce fut une nuit blanche comme la précédente chez M. Coumbes. Il comprit alors ce que le maire de Bonneveine lui avait donné à entendre, qu'il avait affaire à une bande de joyeux viveurs qui avaient voulu se moquer de lui. Il le comprit d'autant mieux que, placé derrière son rideau, il avait reconnu parmi une troupe de jolies grisettes, regardant le cabanon d'un air moqueur, l'infortunée dont le supplice lui avait, la veille, procuré de si profondes émotions.

Mais ces hommes eussent été les successeurs de Gaspard de Besse ou de Mandrin, que M. Coumbes ne se serait pas senti contre eux le quart de la haine qu'il éprouvait en ce moment.

Nous avons dit combien son bonheur était complet, absolu, et cela nous dispense de faire le tableau de son désespoir lorsqu'il le vit tomber de si haut. On le comprend aisément. Les promenades que, pendant toute cette journée, il fit en long et en large dans son cabanon, doublèrent son agitation. Il passa toute la nuit à ruminer des projets de vengeance féroce, et il devança à Marseille l'hôte du chalet, qui devait retourner à la ville, le lundi, selon la coutume invariable de ceux des Marseillais qui n'ont pas fixé leurs pénates aux champs.

Il revint le soir chez lui, muni d'un bon fusil à deux coups qu'il avait acheté chez Zaoué, et le lendemain, M. Riouffe recevait d'un huissier une assignation d'avoir à éloigner des murs de son voisin les cyprès qu'il n'avait pas placés à la distance légale. Ce fut le premier acte d'hostilité que la colère avait suggéré à M. Coumbes.

Le droit était pour lui; il gagna son procès. Mais l'avoué de son adversaire le prévint obligeamment que son client en appelait, et était décidé à mener si loin la procédure, que, lorsque M. Coumbes aurait raison de son obstination, les cyprès seraient si vieux, que le comité pour la conservation des monuments les prendrait infailliblement sous sa protection.

Pendant que la chose se plaidait, les habitants et habitués du chalet faisaient à leur voisin une guerre d'escarmouches.

Aucune des avanies ordinaires en pareil cas ne lui était épargnée. Chaque jour, M. Riouffe, par quelque tour d'écolier, ajoutait aux griefs qui ulcéraient déjà le cœur de M. Coumbes, lequel, depuis lors, vivait dans un état d'exaspération continue, et annonçait tout haut à ceux qui voulaient l'entendre que, dans cette lutte, il ne céderait pas et se ferait tuer pour la défense de son foyer. Afin de manifester clairement ses intentions, il se livrait ostensiblement à l'exercice des armes à feu, et, établi dans sa chambre comme dans un poste, il guettait avec la patience du sauvage les oiseaux qui viendraient se percher sur des cimeaux qu'il avait établis au milieu de son jardin.

Mais, comme la plupart du temps les oiseaux ne venaient pas, il criblait les branches de son plomb. Ses persécuteurs ne s'épouvantaient pas du bruit, comme M. Coumbes l'avait supposé, et bien souvent lorsqu'un moineau audacieux, ayant échappé à ses projectiles, s'envolait à tire-d'aile, une bordée de vigoureux sifflets, partie de la maison voisine, venait insulter à la maladresse du chasseur.

Un matin, M. Coumbes avait failli obtenir une éclatante revanche. A l'aube du jour, il avait quitté son lit, et, sans prendre le temps de passer ses vêtements, il était venu interroger ses cimeaux.

Il avait aperçu une forme énorme qui se détachait en noir sur le ciel que l'aurore colorait faiblement, et, tout palpitant d'espérance, il avait saisi son fusil.

Qu'était-ce que cet énorme oiseau? Un épervier, une chouette, un faisan peut-être ! Mais, quel qu'il fût, M. Coumbes savourait d'avance son triomphe et la confusion de ses ennemis.

Il entr'ouvrit doucement la croisée, s'agenouilla, appuya son arme sur le bord de la fenêtre, visa longtemps et fit feu.

O bonheur ! après la détonation, il entendit le bruit sourd et mat d'un corps pesant qui tombait à terre. Dans son ivresse, et sans songer à l'insuffisance de son costume, il se précipita en bas de son escalier et courut à son arbre. Une superbe pie gisait sur le sol ; M. Coumbes se précipita dessus, sans remarquer sa roideur, qu'il prit sans doute pour la roideur cadavérique.

Elle était empaillée et portait à sa patte le nom de son empailleur et la date de son empaillement. La date remontait à deux ans, l'empailleur était M. Riouffe. D'ailleurs, et pour prouver d'autant mieux que c'étaient ses voisins qui avaient ménagé ce dénoûment à ses études cynégétiques, ils parurent à toutes les portes du chalet et éclatèrent en bravos tumultueux.

M. Coumbes fut tenté de décharger son dernier coup sur la bande, mais sa prudence ordinaire triompha de la violence de son caractère, et il regagna sa retraite tout consterné.

C'était un dimanche matin que ceci s'était passé, et, pour éviter de nouvelles avanies, M. Coumbes se renferma dans son cabanon pendant toute la journée.

Il était bien loin le temps où les satisfactions de l'orgueil qui voit ses désirs accomplis remplissaient son cœur; un orage bien autrement terrible que ceux que soulevait le mistral avait passé sur sa vie; ses plaisirs habituels, ses occupations si douces avaient perdu tout leur attrait, en même temps que s'en était allée la haute confiance qu'il possédait autrefois en lui-même; il eût senti un thon se débattre à l'hameçon de sa *palangrotte*, que son cœur n'eût pas palpité; il se voyait tellement amoindri à ses propres yeux, qu'il n'eût pas eu le courage de revendiquer à sa gloire les merveilleux résultats horticoles de l'année qui venait de s'écouler.

Personne ne peut déterminer la capacité du cœur humain; un grain de millet suffit à le remplir et une montagne y est à l'aise; ces futiles jouissances, ces innocentes distractions, cette vanité microscopique avaient jusqu'alors suffisamment garni celui de M. Coumbes; mais, à présent, il était vide, une haine contre les fauteurs de cette révolution s'y infiltrait peu à peu.

Cette haine était d'autant plus violente, qu'elle se sentait réduite à l'impuissance. Jusqu'à ce moment elle était restée concentrée. Comme certaine puissance belligérante, M. Coumbes mettait tous ses soins à cacher ses échecs à ses peuples : il s'était bien gardé d'initier Millette aux causes de sa mauvaise humeur; mais, son dépit prenant le caractère du désespoir, cette mauvaise humeur commença de déborder, de se faire jour, de se révéler enfin par des interjections furibondes.

Millette, à laquelle l'état de son maître et seigneur inspirait de vagues inquiétudes, n'en soupçonnait pas la cause. Elle craignit que le cerveau de son maître ne se dérangeât, elle lui offrit ses soins : M. Coumbes la repoussa; elle se réfugia dans sa cuisine.

Demeuré seul, M. Coumbes s'abandonna à toutes les douloureuses jouissances de la vengeance imaginaire. Il rêva qu'il était roi, qu'il faisait pendre haut et court ses voisins et passer le soc de la charrue sur cet immoral chalet; puis, entrant dans un autre ordre d'idées, il songea qu'il était devenu Robinson et qu'il se trouvait transporté dans une île déserte avec son figuier, son jardin, son cabanon et Millette métamorphosée en Vendredi. Enfin, il en arriva à maudire la floraison luxuriante du carré de pois qui lui avait, sans aucun doute, attiré ce fâcheux voisinage. C'était bien là le plus éclatant témoignage qu'il pût fournir du désordre que tant d'événements avaient jeté dans ses idées.

Sur ces entrefaites, il entendit chuchoter dans la cuisine. Il en ouvrit doucement la porte, bien décidé à tancer vertement Millette si elle s'était permis de recevoir quelqu'un sans son autorisation.

Il aperçut sur une chaise, à côté du petit fauteuil sur lequel s'asseyait Millette, Marius qui, les deux mains dans les mains de sa mère, causait tendrement avec celle-ci. C'était le jour de sortie du fils de sa compagne. M. Coumbes avait lui-même provoqué cette visite hebdomadaire de Marius. Il n'y avait pas moyen de décharger sur eux un peu de la bile qui l'oppressait.

M. Coumbes le comprit, et en même temps il eut une idée lumineuse.

Il tendit les bras au jeune homme qui s'avançait respectueusement pour l'embrasser, le serra sur son cœur, et sa physionomie devint souriante.

VII

Où, à notre grand déplaisir, nous sommes forcé de piller le vieux Corneille.

Le sourire ne fit que passer sur les lèvres de M. Coumbes. Après cet éclair, elles se plissèrent de plus belle, sa figure redevint grave et soucieuse.

Millette avait été profondément touchée du mouvement de tendresse par lequel le maître du cabanon avait accueilli Marius. Celui-ci n'était pas moins ému que sa mère.

— Qu'avez vous donc? dit-il.

Le silence de M. Coumbes fut plein d'éloquence; ses paupières clignotèrent, se démenèrent dans un double mouvement horizontal et perpendiculaire pour essayer, par la compression, d'extorquer une larme à ses yeux.

Si la diplomatie est une science, c'est la seule que l'on sache sans études préliminaires. L'ex-portefaix avait compris par intuition que, ayant un sacrifice à demander à ses sujets, il s'agissait avant tout de remuer vivement leurs âmes dans l'espoir de trouver un vengeur ; son amour-propre se résigna à passer par les fourches caudines. Il se laissa choir sur une chaise avec tous les signes d'un véritable abattement.

— Mes enfants, leur dit-il, à quoi me servirait de vous raconter ce que j'ai, puisque vous ne sauriez y porter remède ? Tout ce que je puis vous apprendre, c'est que, si cela dure, bientôt vous verrez les pénitents dans cette maison.

— Ah ! mon Dieu, s'écria Millette le visage baigné de larmes, comme si déjà elle eût vu le cadavre de M. Coumbes sur la funèbre cendre.

— Oh ! ce n'est pas possible, fit de son côté Marius, frappé à la fois par la douleur de sa mère et par cette affreuse prédiction de celui qu'il considérait, qu'il aimait comme son père.

Mes enfants, continua M. Coumbes, j'ai tant de chagrin, que je sens bien que le jour n'est pas loin où j'aurai reçu ma paye en ce monde et où il me faudra m'embaucher avec le grand patron qui est là-haut.

— Ce chagrin, qui le cause ? dit Marius, les yeux étincelants, la bouche frémissante.

— Mais, ajouta M. Coumbes en évitant de répondre à cette interruption, avant d'être jeté dehors comme une coque d'oursin, je veux vous faire mes dernières recommandations.

Les sanglots de Millette redoublèrent et couvrirent

les paroles du maître du cabanon. La voix de Marius domina sanglots et recommandations ; il s'élança vers M. Coumbes et, avec ce dévouement qui, chez les gens du Midi, emprunte toujours quelque chose à la colère, lui dit :

— Vous n'avez point de recommandations à me faire, mon père ; si c'était celle d'être honnête et laborieux, votre exemple a suffi depuis longtemps pour m'apprendre que c'était le devoir d'un honnête homme. Quant à aimer ma mère, elle serait une sainte du bon Dieu, que mon cœur ne saurait lui donner plus qu'il ne lui donne. Si c'est de conserver votre mémoire, de garder votre souvenir, c'est présumer trop peu de ma reconnaissance. Avec ma mère, qui donc chérirai-je, qui donc vénérerai-je, si ce n'était celui qui a pris soin de mon enfance ? Ce qu'il faut nous dire, ce sont les causes de ce chagrin que nous ignorons, les raisons de ces sinistres pressentiments que rien ne justifie. Pourquoi ne comptez-vous pas davantage sur nous, parrain ? Si quelque mal vous afflige, veuillez nous le dire ! Fallût-il aller à la Sainte-Beaume à genoux, pour demander à Dieu qu'il vous rende la santé, ma mère et moi, nous sommes prêts.

En écoutant Marius, M. Coumbes se trouvait en proie à un attendrissement qui chez lui était rare. L'enfant de Milletto commençait à triompher des préjugés du bonhomme à l'endroit de la beauté plastique. Ce n'était pas que la noblesse des sentiments qu'il exprimait le touchât beaucoup, M. Coumbes n'y croyait qu'à moitié; mais à l'énergie de l'accent du jeune homme, à la conviction de sa colère, l'ex-portefaix pressentait qu'il allait trouver en lui le Cid Campéador dont il était en quête, sans en avoir jamais entendu parler. Pendant une minute, il fut bien un peu honteux de susciter un aussi enthousiaste dévouement à propos d'un aussi misérable sujet; mais son antipathie haineuse contre son voisin fut plus forte que cet imperceptible mouvement de sa raison, et, pour la seconde fois de la journée, il prit Marius à bras-le-corps et le serra contre sa poitrine.

Vois-tu, fils, fit-il en abandonnant une de ses mains à Millette, qui la couvrait de ses baisers et de ses larmes, depuis quelque temps ce cabanon est devenu un enfer pour moi; je voudrais le quitter, et je sens que je mourrai lorsque je ne le verrai plus.

— Mais pourquoi cela? interrompit Millette; n'avez-vous pas eu tout à souhait cette année? La main du bon Dieu n'a-t-elle pas béni tout ce que vous avez confié à la terre? Pourquoi cela, quand, il y a huit mois à peine, je vous ai vu si heureux de ne plus être forcé de quitter votre retraite pour retourner à la ville?

D'un geste silencieux mais solennel, M. Coumbes indiqua le chalet voisin, dont on apercevait les tuiles rouges.

Millette soupira ; en rapprochant les circonstances, elle avait compris, elle devinait les motifs de la mauvaise humeur de son maître, les velléités cynégétiques qui lui avaient fait perdre tant d'heures en arrêt devant les oiseaux. Marius, qui n'était point au fait de toutes ces circonstances, considérait M. Coumbes avec une surprise interrogative.

— Oui, reprit M. Coumbes, voilà le secret de ma tristesse ; voilà la cause de mon dégoût de la vie. Tiens, Millette, je ne t'en ai rien avoué, mais, lorsque pour la première fois j'ai vu les ouvriers creuser leur tranchée dans le sable, un secret pressentiment m'a serré le cœur et m'a dit que c'en était fait de mon bonheur ; et cependant je ne pouvais prévoir alors que la rage de mes persécuteurs irait un jour jusqu'à l'insulte.

— On vous a insulté ! s'écria Marius bouillant de colère, on a oublié le respect que l'on devait à votre âge !

L'ex-portefaix ne fut point assez habile pour cacher la sensation agréable que lui causa cette ardeur du fils de Millette à embrasser sa défense ; celle-ci surprit le mouvement de joie qui illumina la physionomie de M. Coumbes ; elle pressentit son projet, et sa sollicitude maternelle, justement alarmée, s'efforça de calmer son irascible maître.

Elle jetait de l'huile sur le feu; pour réduire les faits à leurs véritables proportions, il fallait nécessairement ôter au dada de M. Coumbes la selle et la bride qui lui permettaient de l'enfourcher, attenter à ses idées dominatrices, exaspérer, par le doute de sa raison d'être, la susceptibilité de son orgueil de propriétaire. Millette ne réussit qu'à métamorphoser en une véritable fureur l'attitude douloureuse que celui-ci avait prise depuis le commencement de cette scène.

Comme il arrive à des gens à tempérament lymphatique, M. Coumbes, lorsqu'il s'abandonnait à la colère, était incapable de la dominer. Dans son courroux de trouver un semblant de contradiction où il s'attendait si peu à en rencontrer, il se montra dur et cruel envers la pauvre Millette; il alla jusqu'à parler d'ingratitude à propos des bienfaits dont il prétendait l'avoir comblée.

Marius l'écoutait la tête baissée; il souffrait bien vivement de voir maltraiter ainsi celle qu'il chérissait plus que la vie; son corps était agité de tressaillements convulsifs, et de grosses larmes roulaient le long de ses joues brunes; mais il avait un si profond respect pour M. Coumbes, qu'il n'osa ouvrir la bouche pour la défendre, et qu'il se contenta d'élever ses yeux suppliants vers celui-ci.

Lorsque M. Coumbes quitta la cuisine, où il laissait Millette accablée et gémissante, Marius, après avoir adressé à sa mère quelques paroles consolatrices, rejoignit le maître du cabanon dans le jardin où, à la faveur de l'ombre du soir qui commençait de s'épaissir, ce dernier promenait les regrets que lui causait le dernier échec dans la tentative qu'il avait faite.

— Père, lui dit-il, il faut pardonner à la mère : elle est femme et elle a peur; mais moi, je suis homme et me voici.

— Que dis-tu? fit M. Coumbes, qui était bien loin de s'attendre à ce revirement de fortune.

— Qu'aussitôt que j'ai pu comprendre ses paroles ma mère me dit en vous montrant : « Voici celui auquel je dois la vie, mon enfant, et je prierai Dieu tous les jours afin qu'il permette que tu fasses pour lui ce qu'il a fait pour moi. Non content de de m'avoir sauvée, il ne m'a point abandonnée dans ma détresse. Le ciel sera assez juste pour permettre que nous lui témoignions un jour notre reconnaissance. » J'étais bien petit lorsqu'elle parlait ainsi, père; cependant jamais ces mots ne sont sortis de ma mémoire, et, aujourd'hui, je veux vous prouver que je suis prêt à tenir l'engagement qu'elle me demandait de prendre.

La voix de l'adolescent était ferme, énergique, sûre d'elle-même ; cependant M. Coumbes crut ou voulut croire à une rodomontade de jeune homme.

— Non, dit-il avec une nouvelle amertume, ta mère avait raison tout à l'heure ; j'ai tort de vouloir qu'on respecte mon bien et ma personne, tort de me lasser des avanies que l'on me fait subir, des affronts dont on m'accable. A quoi bon demander un respect que l'on est trop âgé pour commander ? N'est-ce pas tout simple, tout naturel, que les jeunes gens fassent leur jouet d'un pauvre vieillard, et n'est-ce pas insensé à celui-ci de faire entendre ses plaintes ?

M. Coumbes avait totalement oublié qu'il avait joué le rôle de provocateur dans les événements qu'il rappelait.

— Vous avez protégé mon enfance, reprit Marius avec une énergie croissante, c'est à moi de protéger votre vieillesse. Qui vous touche, me touche ; qui vous insulte, m'insulte. Demain je verrais M. Rioufle.

Le doute n'était plus permis à M. Coumbes. Il avait trouvé un champion, et, malgré sa jeunesse, le courage de ce champion pouvait lui faire espérer de triompher de ses ennemis.

Pour la troisième fois depuis le commencement de

cette journée, il embrassa Marius. Jamais il n'avait été à ce point prodigue de témoignages de tendresse envers l'enfant de Millette. Il est vrai que c'était la première fois qu'il eût besoin de lui.

— Seulement, lui dit le jeune homme en se dégageant de son étreinte, vous me jurez de ne plus être aussi dur avec la mère lorsqu'elle ne m'aura plus là pour la consoler.

VIII

Comment M. Coumbes vit échouer sa vengeance par l'intervention d'un témoin, qui frappa au cœur le champion qu'il avait choisi

L'appartement et les bureaux du voisin du cabanon de M. Coumbes étaient situés rue de Paradis, c'est-à-dire dans une des grandes artères marseillaises qui débouchent sur la Canebière.

Marius avait facilement obtenu l'adresse de l'ennemi intime de son parrain, du don Gormas dont il avait à punir les offenses. Il pénétra dans une de ces sombres allées, aussi communes dans le nouveau que dans le vieux Marseille, franchit un étroit escalier et s'arrêta au premier étage, où on lui avait dit qu'il trouverait la personne qu'il cherchait. Effectivement, sur la porte qui s'ouvrait à sa gauche, il aperçut deux plaques de cuivre scellées dans le bois; sur l'une d'elles étaient gravés ces mots: *Jean Riouffe et sœur, commissionnaires et armateurs;* sur l'autre, *Bureau et caisse.* Il tourna le bouton de la première et il entra.

Les Méridionaux comprennent difficilement les querelles sans tapage; il leur faut toujours un peu de trompette avant le combat. Marius était de son pays, et, si jeune qu'il fût, il en possédait déjà les habitudes. Pendant la nuit, pendant le voyage de Montredon à Marseille, il avait travaillé à exalter sa petite cervelle, et s'était si complétement monté, qu'un capitan n'eût rien trouvé à reprendre à sa tenue et à sa physionomie. Sa redingote était boutonnée jusqu'au menton, sa coiffure légèrement inclinée sur l'oreille, ses sourcils rapprochés, ses narines dilatées, ses lèvres frémissantes, comme il convient à un redresseur de torts.

— M. Jean Riouffe! s'écria-t-il d'une voix provoquante en franchissant le seuil de la porte et sans ôter son chapeau.

Un des deux commis qui travaillaient derrière des cages en fil de fer à guichet leva le nez de dessus une liasse de connaissements qu'il était en train de rédiger. L'air, l'accent et l'attitude du nouveau venu l'avaient surpris; mais il réfléchit sans doute que son temps était trop précieux pour en consacrer un atome à faire observer au visiteur qu'en entrant dans un appartement, la civilité puérile et honnête voulait qu'on se découvrît, car il reprit sa besogne après avoir fait à Marius, du bout de sa plume, signe d'avoir à se calmer et à attendre.

Celui-ci avait trop envie de mener à bien la querelle de M. Coumbes pour s'en mettre une seconde sur les bras. Il rongea son frein, quelque disposé qu'il fût à s'offenser du silence de l'employé de son futur adversaire, en se promettant bien, dans l'humeur rageuse qu'il devait à l'excitation de son sang, de se dédommager avec celui-ci.

Pour occuper ses moments, il regarda autour de lui. L'appartement dans lequel il se trouvait contrastait d'une manière étrange avec la scène dont Marius prétendait le rendre le théâtre. Depuis dix-sept mois qu'il était dans les affaires, il avait vu bien des bureaux, mais jamais il n'en avait rencontré un dans lequel un ordre aussi parfait eût présidé à toutes choses, où la propreté se montrât aussi coquette, où une espèce de bon goût se révélât dans le classement méthodique des échantillons qui garnissaient les armoires vitrées, des paperasse qui encombraient les casiers. Le calme qui y régnait, le demi-jour que des stores de couleur y conservaient, le silence des deux commis, leur assiduité, faisaient de cette pièce une espèce de temple du travail et de la paix, dans lequel Marius éprouvait quelque peine à maintenir à un degré d'incandescence l'exaltation qu'il s'était procurée en fouettant tout à la fois le sang de ses artères et sa respectueuse affection pour M. Coumbes.

Heureusement pour la cause qu'il s'était chargé de soutenir, la porte d'un cabinet s'ouvrit et un monsieur en sortit. Le commis peu communicatif, toujours à l'aide de sa plume, qui servait télégraphiquement à ses communications, indiqua à Marius qu'il devait entrer dans le cabinet d'où sortait ce monsieur.

Le jeune homme assura son chapeau sur sa tête, reprit la physionomie que cette séance préliminaire lui avait fait atténuer et pénétra dans le cabinet. Il avait fait un pas en avant pour franchir la porte ; mais il n'eut pas plus tôt jeté les yeux dans le cabinet, qu'il en fit deux en arrière pour reculer ; il porta la main à sa tête pour saluer avec tant de précipitation, que sa coiffure, échappant de ses doigts, roula sur les nattes de Calcutta qui couvraient le parquet.

Au lieu de M. Jean Riouffe, au lieu du jeune homme insolent pour lequel il avait fait des préparatifs si menaçants, il se trouvait en face d'une charmante jeune fille qui était seule dans ce bureau.

Elle pouvait avoir vingt-quatre ou vingt-cinq ans ; elle était grande, mince et svelte ; ses cheveux, de ce blond chaud et doré que les peintres de Venise ont reproduit avec tant d'amour, tombaient sur sa nuque en un chignon que les deux mains n'auraient pu contenir ; leurs fauves reflets, l'éclat de ses sourcils et de ses yeux noirs comme l'ébène, la rougeur purpurine de ses lèvres, faisaient encore ressortir la blancheur de sa peau.

Il est bien entendu que Marius n'apprécia aucun de ces détails ; il ne remarqua pas davantage la simplicité de costume qui tranchait avec le caractère de la beauté de cette apparition ; il ne vit pas la douceur de son sourire, la bienveillance de sa physionomie, le geste encourageant par lequel elle l'invitait à se remettre ; il se trouvait sous le coup de cette surprise grosse d'émotions que doit éprouver un petit corsaire qui croit poursuivre un paisible bâtiment de commerce, lorsque celui-ci, par un mouvement rapide comme l'éclair, enlève ses pavois et démasque de formidables rangées de batteries. Il pouvait déjà être brave, mais il était trop jeune pour ne pas être timide. Cette jolie personne lui paraissait bien autrement redoutable à affronter que ne l'était l'adversaire qu'il cherchait. Il ramassa maladroitement, gauchement, son chapeau, balbutia quelques mots, et se fût enfui, si la voix de la jeune fille, une voix pure et d'un timbre qui pénétra jusqu'à son cœur, ne l'eût rappelé à la situation.

— Tout à l'heure, je vous ai entendu demander M. Jean Riouffe, monsieur, dit-elle à Marius.

Celui-ci rougit, car il se rappelait que l'accent menaçant par lequel il avait débuté en entrant avait traversé la cloison qui séparait le cabinet du bureau.

Marius s'inclina sans répondre.

— Il est absent pour le moment, monsieur, dit encore la jeune fille.

— Alors, mademoiselle, pardon, je reviendrai, je repasserai.

— Monsieur, je dois vous faire observer que vous risquez fort de faire beaucoup de courses inutiles. M. Riouffe est rarement chez lui; mais si vous voulez me communiquer ce dont il s'agit, je pourrai probablement vous donner satisfaction, car c'est moi qui m'occupe de toutes les affaires de la maison.

— Mademoiselle, répliqua Marius, dont l'aplomb et l'aisance de la jeune fille ne faisaient qu'accroître l'embarras, mademoiselle, c'est une question toute personnelle qui me faisait désirer d'avoir un entretien avec M. Riouffe.

— Il est probable que cela me regarde encore, monsieur. Pardonnez-moi mon insistance : elle n'est dictée que par mon désir d'épargner à M. Riouffe des ennuis, des embarras, ou pis encore. Il aura sans doute contracté quelque dette vis-à-vis de vous ou de vos parents, continua la jeune fille, dont la physionomie s'était légèrement attristée. Vous pouvez parler avec confiance, monsieur; si votre créance est légitime, ce dont je ne doute pas, je ferai en sorte de vous renvoyer content.

Marius comprenait qu'il ne devait rien apprendre du motif de sa visite à cette jeune fille, qui, d'après la raison sociale inscrite sur la porte, lui paraissait devoir être la sœur de l'ennemi de M. Coumbes; mais il s'abandonnait si naïvement au bonheur de la voir et de l'entendre, qu'il oubliait que la première condition de la discrétion qu'il entendait conserver était de se retirer; au lieu de cela, il demeurait devant elle dans une sorte de muette extase.

Lorsque mademoiselle Riouffe se tut, attendant une réponse, Marius resta un instant déconcerté; puis il répliqua avec une vivacité dont il ne fut pas maître :

— Mademoiselle, la dette que je viens réclamer à M. Riouffe n'est point de celles qui se soldent à la caisse.

Rien n'est plus fréquent que le désaccord entre les lèvres et la pensée. Subissant un dernier accès de la fièvre belliqueuse que M. Coumbes avait soufflée sur lui la veille au soir, Marius s'était laissé emporter par la redondance de la phrase. Elle ne fut pas plus tôt tombée de ses lèvres, qu'il la regretta amèrement. La jeune fille était devenue pâle comme une morte, ses larges paupières s'étaient lentement abaissées sur ses yeux et les avaient voilés un instant comme pour en dissimuler l'expression. Elle se leva, et, s'appuyant de la main sur son bureau, recueillant ses forces pour rester maîtresse de son émotion :

— Monsieur, lui dit-elle, quoi que soit ce que vous venez demander à M. Riouffe, vous pouvez d'avance être certain qu'il y répondra avec honneur. Veuillez me laisser votre nom, m'indiquer l'heure à laquelle vous voudrez bien vous donner la peine de repasser, afin que vous soyez certain de ne point faire une démarche inutile.

Marius demeurait tout étourdi. La douleur qui perçait dans les paroles de la jeune fille le touchait, mais sa résignation fière et courageuse faisait sur lui une impression bien plus vive encore.

— Mademoiselle, répondit-il avec une humilité respectueuse à cette dernière question, veuillez dire à M. Riouffe que je viens de la part de M. Coumbes et que je me représenterai demain.

— De M. Coumbes? de M. Coumbes qui habite à Montredon une maisonnette à côté du chalet que mon frère y a fait construire? s'écria mademoiselle Riouffe en s'élançant vers la porte, qui jusqu'alors était restée ouverte, et en la fermant avec vivacité.

— Vous ne vous trompez pas, mademoiselle, répondit Marius, c'est au sujet de M. Coumbes que je me présente dans cette maison.

— Vous êtes son fils, sans doute ?

Maurice s'inclina sans répondre ; son interlocutrice lui fit signe de s'asseoir.

— Vous avez pu vous apercevoir tout à l'heure, monsieur, que, quoique femme, dans des circonstances graves et sérieuses, je saurais dompter ma sensibilité de sœur, lutter contre la faiblesse de mon sexe et triompher de ma répugnance, quand il s'agit d'une affaire qui remet aux chances du hasard la vie de deux hommes de cœur ; mais la situation est bien différente. D'après ce qui m'a été raconté de tout ce qui s'est passé entre monsieur votre père et mon frère, tous les torts doivent être attribués à ce dernier. Je n'ai pas attendu à aujourd'hui pour l'en blâmer. Vous veniez pour lui demander satisfaction de sa conduite, n'est-ce pas ?

Marius hésita.

— Répondez, monsieur, je vous adjure de me répondre.

— C'est la vérité, mademoiselle, balbutia le jeune homme.

— Alors, monsieur, je vous prie de me faire l'honneur de m'accepter comme votre témoin.

— Mademoiselle, répliqua Marius, stupéfait de cette proposition, autant qu'émerveillé de l'air mâle et décidé de la jeune fille, ce que vous me demandez, si flatteur que cela soit pour moi, offrirait cependant, si je l'acceptais, un inconvénient. Monsieur votre frère ne manquerait pas de supposer que ma résolution d'obtenir satisfaction des offenses dont depuis deux mois il poursuit mon père n'est pas sérieuse. Souffrez qu'après vous avoir remerciée, je ne l'accepte pas.

— Je ferai en sorte que ce que vous redoutez n'arrive pas, monsieur, et c'est un signalé service que je vous prie de me rendre.

— Veuillez m'expliquer, mademoiselle, les raisons qui vous déterminent à me le demander avec tant d'instance.

— Elles sont faciles à comprendre : mon frère est coupable, je le sais ; rien ne peut excuser les outrageantes plaisanteries qu'il s'est permises contre M. Coumbes ; mais j'hésite à croire qu'il faille son sang pour les réparer, et je pense que l'expression de ses sincères regrets et ses excuses y suffiraient. Si un étranger les lui demande, quelque honorables qu'elles soient lorsqu'elles s'adressent à un homme de l'âge et du caractère de M. Coumbes, jamais il ne voudra s'y résoudre ; en face de sa sœur, il n'aura point à rougir, et je crois avoir assez de crédit sur son cœur pour obtenir de sa raison qu'il consente à ce sacrifice d'un vain amour-propre.

— Je voudrais ne pas vous refuser, mademoiselle, dit Marius, qui résistait difficilement aux instances de la jeune fille; mais songez donc que, dans cette querelle, je suis fâché de vous le certifier encore, monsieur votre frère a tous les torts. Il ne m'appartient point d'ouvrir par avance les portes à une réparation de ce genre; j'aurais l'air d'avoir peur.

Mlle Rioufle sourit de l'émotion avec laquelle Marius avait prononcé ces derniers mots.

— Non, monsieur, reprit-elle, car mon frère n'ignorera point vos répugnances, et je serai la première à lui apprendre ce qu'il m'a fallu de prières et d'instances pour vous décider à me laisser terminer pacifiquement cette affaire. D'ailleurs, monsieur, vous me paraissez si jeune, que vous aurez le temps de prouver à ceux qui se permettraient d'en douter, que la fermeté de votre cœur ne dément pas la courageuse hardiesse de votre regard.

Marius rougit encore à ce compliment, qui lui prouvait que, s'il avait curieusement analysé la beauté de la jeune fille, celle-ci n'avait point été sans jeter quelque coup d'œil sur les avantages extérieurs de son interlocuteur.

— Mademoiselle!... reprit-il chancelant dans sa résolution.

— Tenez, monsieur, dit mademoiselle Riouffe en l'interrompant avec vivacité, la confiance appelle la confiance. Je ne vous connais que depuis quelques instants ; mais, dans les circonstances graves où nous nous trouvons, en raison de la requête que je vous présente, je crois que je n'ai qu'à gagner à être mieux connue de vous, et je tiens à vous expliquer pourquoi vous me trouvez dans ce bureau une plume entre les doigts, au milieu de ces échantillons de coton et de sucre, et devant ce gros livre, au lieu d'être dans mon salon un ouvrage de femme à la main. Mon frère était plus jeune que moi d'une année lorsque nous avons perdu nos parents. Nous nous trouvions, lui à vingt, moi à vingt et un ans, à la tête d'une maison qui nécessitait une grande assiduité pour conserver la prospérité qui jusqu'alors l'avait favorisée. Malheureusement, pendant la longue maladie de mon père, la surveillance que l'on doit exercer sur un jeune homme s'était un peu relâchée, et, lorsque nous fûmes orphelins, il avait pris goût à l'indépendance et aux plaisirs, qu'il est si difficile d'allier avec les devoirs du commerçant. J'essayai quelques réprimandes ; mais je l'aime, monsieur, et, quelles que fussent les fautes que j'avais à lui reprocher, mon visage ne savait pas s'armer de la sévérité qui eût été si nécessaire. Déjà nos affaires périclitaient sensiblement ; j'entrevoyais l'abîme que le malheureux ouvrait sous ses pas, lorsque Dieu m'envoya une salutaire inspiration : je résolus de renoncer au monde, de sacrifier mon bonheur individuel, d'éprouver si, puisque l'autorité manquait à mon âge, ma tendresse pour Jean ne suffirait pas aux nouveaux devoirs de mère que j'embrassais avec ardeur. A tout prix, il fallait lui conserver une fortune que ses goûts oisifs lui rendaient si nécessaire, et je me dévouai à cette tâche ; je me mis à la tête de cette maison. Je ne vous parlerai pas des résultats que j'ai obtenus de ce côté, monsieur, quoique j'en sois un peu bien fière ; mais je vous apprendrai que je suis parvenue à inspirer à mon frère une confiance qui me permet de lire constamment dans son cœur. Ses égarements, je le crois, ne sont que le fruit de la jeunesse, la conséquence d'une exubérance de sève : déjà il écoute mes conseils ; bientôt, je l'espère, il les suivra. Comme je vous le disais tout à l'heure, je lui ai entendu raconter ce qui s'était passé à Montredon. Mes reproches avaient devancé vos plaintes ; mais nous n'étions pas seuls, et je n'ai pu, en face de ses commis, flétrir, comme je vais le faire, l'inconvenance de sa conduite. C'est mon frère, monsieur, c'est plus que mon frère, c'est mon enfant. Jugez de ce que je dois souffrir en songeant aux suites terribles que pourraient avoir ces extravagances puériles ; laissez-moi les détourner de sa tête, je vous en conjure encore... Que monsieur votre père se déclare satisfait, n'est-ce pas tout ce que vous désirez ? Que la parole de M. Riouffe le garantisse à l'avenir de ces détestables plaisanteries, n'est-ce pas tout ce que vous voulez? Je vous promets que vous aurez tout cela, monsieur; mais, au nom de votre mère, au nom de tout ce que vous aimez, faites que je ne voie pas les jours de mon frère aventurés pour une aussi misérable cause.

Mlle Riouffe eût pu parler longtemps ainsi, Marius ne l'eût pas interrompue, tant il était enivré par le son de sa voix, par la contemplation de son charmant visage. Quant à refuser ce qu'elle implorait, cela ne lui était plus permis. Ce que la jeune fille venait de lui raconter avait achevé de conquérir le cœur et de révolutionner le cerveau de Marius. En la voyant si belle, et en même temps si douce, si tendre, si touchante dans son dévouement, il se demandait comment l'univers pouvait ne pas être aux pieds de cette adorable créature. Dans son enthousiasme méridional, que contenait à grand'peine sa timidité naturelle, il avait envie de lui offrir, non pas seulement le sacrifice de ses griefs, celui de sa vie si elle en avait besoin, mais encore de lui assurer que, sur un seul mot d'elle, M. Coumbes oublierait ses griefs; ce qui était bien autrement outrecuidant.

— Mademoiselle, répondit-il, je suivrai aveuglément vos ordres.

— Soyez tranquille sur le résultat, monsieur. Où devrai-je vous le faire connaître ?

Marius donna l'adresse de son patron. M{^{lle}} Riouffe lui fit observer que la qualité qui était sienne à dater de ce moment exigeait qu'elle serrât la main de celui auquel elle servait de second. Cette étreinte acheva de bouleverser le jeune homme. Lorsqu'il traversa le bureau pour sortir, il alla donner dans la fenêtre qu'il prenait pour la porte, à l'ébahissement des commis. Dans la rue, il demeura en contemplation devant la maison où demeurait M{^{lle}} Riouffe : il lui semblait que les murs qui renfermaient un si charmant trésor avaient une physionomie toute différente des autres murs.

Le soir, un garçon du magasin apporta une lettre.

Marius n'eut pas plus tôt jeté un regard sur l'adresse, qu'il reconnut l'écriture fine et déliée qu'il avait vue sur le grand-livre de la maison Riouffe et sœur. Il la saisit comme un avare le trésor qu'il rencontre, comme un naufragé le morceau de pain qu'on lui offre, et courut s'enfermer dans la mansarde qu'il habitait pour la lire.

Déjà il lui semblait que les yeux d'un indifférent eussent profané cette écriture.

Ses doigts tremblaient tellement lorsqu'il voulut

l'ouvrir, qu'il fut quelque temps sans réussir à disjoindre le cachet et qu'.. déchira la moitié de la lettre avant d'y parvenir.

Mlle Riouffe lui écrivait :

« Monsieur,

» Je ne sais si vous serez content de moi, mais je suis bien satisfaite de ma personne ! J'ai pleinement réussi dans la négociation dont vous avez bien voulu me charger. Demain, après la Bourse, j'accompagnerai M. Riouffe, qui ira à Montredon exprimer à M. Coumbes son très-sincère repentir. J'espère que désormais chalet et cabanon vivront en si bonne intelligence, que nous n'aurons qu'à nous applaudir de cette discorde préliminaire qui nous aura amenés à cultiver réciproquement notre voisinage. »

C'était signé Madeleine.

Marius porta le billet à ses lèvres, et, pendant toute la nuit, qu'il dormît ou qu'il veillât, l'image de celle que, le matin, il avait vue pour la première fois lui tint fidèle compagnie.

IX

Où l'on voit que M. Coumbes ne pratiquait pas l'oubli des injures, et ce qui s'ensuivit

Vingt-quatre heures et la soif de vengeance qui dévorait M. Coumbes avaient amené une révolution dans les instincts et dans les habitudes de ce personnage.

Depuis qu'il avait trouvé dans le fils de Millette un héros capable de vaincre et de mourir à sa place, l'ex-portefaix, d'essentiellement pacifique qu'il avait toujours été, devenait tout à coup belliqueux.

Le matin, après que Marius l'eut quitté pour aller chercher M. Riouffe, M. Coumbes avait opéré une audacieuse sortie dans son propre jardin, le fusil en bandoulière, redressant son échine, que l'habitude des travaux manuels et du jardinage tenait ordinairement courbée vers la terre. Il s'était promené avec des allures de matamore dans une allée où il lui paraissait impossible qu'on ne l'aperçût pas du chalet; plusieurs fois il s'était arrêté, avait fait jouer les batteries de son fusil en regardant d'un air de menace les contrevents de l'odieuse habitation.

Ces contrevents ne s'étaient point entr'ouverts, rien n'avait bougé chez le voisin, par l'excellente raison que celui-ci était retourné à la ville, et que c'était là seulement que Marius pouvait le rencontrer ; mais l'humeur batailleuse de M. Coumbes s'accommodait trop peu d'une supposition aussi simple, il préféra de beaucoup se persuader que l'ennemi avait été rendu prudent à la suite de la démarche qu'avait effectuée celui qui composait à la fois son avant-garde, son corps d'armée et sa réserve.

A cette époque de l'année, les semis de ses tomates et de ses pois précoces étant confiés à la terre, il lui restait peu de chose à faire dans son jardin ; mais, en dépit d'une pluie battante, il y demeura toute la journée ; il tenait à ne point abandonner la position.

Son anxiété était vive ; il attendait des nouvelles avec grande impatience, et, le soir, ne voyant pas revenir Marius, il commença de craindre que le cœur n'eût manqué à son champion ; et, comme Millette, non moins inquiète que lui, quoique par suite de motifs bien différents, lui exprimait ses appréhensions, il la rassura en termes peu flatteurs pour celui qu'il préconisait la veille et parut disposé à revenir à son opinion première sur les beaux hommes.

Mais un songe modifia cette impression de M. Coumbes ; il rêva qu'il était devenu un de ces quatre fils Aymon dont, dans sa jeunesse, il avait entendu narrer l'histoire, et que, d'un seul coup de son terrible cimeterre, il pourfendait M. Riouffe et toute sa société de démons et de diablesses, démolissait le chalet et en envoyait les débris s'abîmer dans le golfe.

Ce cauchemar s'était si profondément incrusté dans le cerveau de M. Coumbes, qu'en s'éveillant il jeta précipitamment un coup d'œil dans la chambre, tant il était convaincu que le corps de son ennemi devait s'y trouver étendu ; il n'aperçut qu'une vieille couffe qui, après avoir apporté de Smyrne une balle de figues, servait de tapis au lit de l'ex-portefaix ; mais, en relevant la tête, le regard de celui-ci rencontra le regard de Marius, qui en ce moment ouvrait la porte de la chambre, et il entrevit sur les lèvres du jeune homme un sourire qu'il prit pour une preuve que son rêve pourrait bien être une réalité.

Dans son transport, il oublia tous les principes de la bienséance et se précipita à bas de son lit, sans prendre le temps d'atténuer la légèreté de son costume.

— Eh bien ? s'écria-t-il du ton qu'Alexandre devait prendre pour interroger ses lieutenants.

— M. Riouffe sera ici à trois heures, accompagné de mademoiselle sa sœur, pour vous présenter ses excuses et ses regrets, répondit Marius avec le même sourire.

La physionomie de M. Coumbes se rembrunit.

— Des excuses? dit-il. Nous n'avons que faire de ses excuses ; j'ai bien voulu te céder le soin de venger les affronts dont il m'a accablé, et des excuses ne sauraient y suffire.

— Cependant..., fit Marius tout déconcerté.

— Il n'y a pas de cependant, répliqua M. Coumbes sans lui laisser achever sa phrase; les gens de cœur n'admettent point les excuses dans une affaire d'honneur, pas plus que les circonstances atténuantes dans un procès! J'ai été du jury une fois, moi qui te parle; eh bien! je lui en ai donné, des circonstances atténuantes! La mort, la mort, toujours la mort, je ne connais que cela ; tout le reste, bon Dieu! c'est prétexte à lâcheté ou encouragement au crime!

Marius pâlit, autant à cause de l'insulte que lui envoyait l'irascible bonhomme, que par suite de la douleur qu'il éprouva en voyant s'envoler les espérances qu'il caressait depuis quelques heures.

— Des excuses! continuait M. Coumbes, des excuses! Il fallait réfléchir avant de maltraiter un honnête homme; il n'en serait pas réduit à se soumettre aujourd'hui à cette platitude, dont, à mon tour, je ne veux pas me contenter, moi.

Marius voulut parler, mais M. Coumbes ne le permit pas. Il allait et venait dans son étroite chambre en poussant des exclamations furibondes, en faisant de ses bras des gestes si extravagants, qu'ils menaçaient de triompher de l'opiniâtreté avec laquelle son unique vêtement sauvegardait sa pudeur.

Tout à coup il s'arrêta brusquement devant Marius, et, saisissant d'un geste furieux son bonnet de coton dont la mèche, par ses oscillations, contrariait sa pantomime, il le jeta à terre.

— Voyons, s'écria-t-il, démolira-t-il au moins son abominable maison ?

— Mais pourquoi M. Riouffe démolirait-il une maison qui lui a coûté si cher à construire ?

— Pourquoi ? Parce qu'elle me gêne, parce qu'elle m'offusque, parce qu'elle intercepte pour moi la brise du large et fait de ma maison une fournaise, parce que c'est un objet dégoûtant à avoir continuellement sous les yeux. N'est-ce donc pas des raisons, cela ? Coquin de sort ! continua-t-il, Marius l'écoutant la bouche béante et étant très-absorbé par la question qu'il s'adressait à lui-même, à savoir, s'il ne fallait pas envoyer chercher le médecin pour saigner son père, qui était devenu enragé. Coquin de sort ! narre-moi un petit peu ce qu'on t'a dit, ce que tu as

6

fait, comment les choses se sont passées. On a abusé de ta jeunesse et de ton peu d'habitude, je le vois bien, tron de l'air ! car de la bravoure, je vois aussi que tu en as à leur revendre. Dis-moi tout, l'homme, et je me charge de remettre les affaires dans le bon chemin.

La tâche que M. Coumbes imposait à Marius était fort embarrassante ; l'accueil que le maître du cabanon avait fait à ce que le jeune homme considérait comme un triomphe, les jurons dont, contre son habitude, il assaisonnait son discours, avaient jeté déjà quelque désordre dans ses pensées ; mais, lorsqu'il se vit mis en demeure ou de mentir ou d'avouer à son parrain la pacifique intervention de Mlle Madeleine, lorsqu'il redouta qu'en parlant d'elle on ne lût sur son visage ce qui se passait dans son âme, ce désordre devint une déroute ; toutes ses idées prirent la fuite, s'échappèrent avec une telle confusion, qu'il fut impossible à son cerveau d'en rattraper une seule à la course ; il hésitait, il balbutiait, il tremblait, il faisait maints coq-à-l'âne qui achevèrent d'exaspérer M. Coumbes.

Celui-ci pressentit anguille sous roche, et mit dans son interrogatoire une énergie nouvelle ; il harcela son filleul de questions, il le pressa, il le poussa, il suscita des contradictions, il le dérouta par des changements de front soudains ; il fit tant et si bien, que, pièce à pièce, lambeau par lambeau, il finit par obtenir un récit à peu près exact de ce qui s'était passé entre son fils adoptif et Mlle Riouffe.

Marius restait devant lui pâle et tremblant comme un coupable devant son juge ; son regard ne pouvait soutenir l'éclat qu'avaient pris les prunelles grises et atones des yeux de son parrain.

— Eh ! tron de l'air ! s'écria ce dernier, je le disais bien, lorsque l'on sent la bouille-abaisse, c'est que le poisson n'est pas loin ; du moment que j'ai vu qu'une affaire qu'il était si simple de terminer prenait une telle tournure, je pouvais faire serment qu'une femelle s'en était mêlée ! Ah ! tu t'es laissé séduire par cette fillette qui n'est peut-être pas plus sa sœur que la mienne. Coquin de sort ! quelque gueuse à laquelle il a fait accepter ce rôle pour se moquer de toi, comme il se moque de moi !

— N'en croyez rien, père, fit Marius, auquel son amour naissant prêtait déjà l'audace de lutter contre le redouté M. Coumbes ; Mlle Riouffe est une jeune personne honnête. Si vous l'aviez vue comme moi dans son bureau, au milieu de ses commis ; si vous l'aviez entendue...

— Tais-toi, que je te dis, tais-toi, ou je te chasse. C'est une comédie que l'on veut jouer à mes dépens et dans laquelle tu leur auras servi de compère. Je gagerais que, s'ils veulent venir ce soir à la maison, c'est pour me régaler de quelque méchante plaisanterie de leur invention de démons! Va leur dire que je ne me soucie point de leur visite, que je ne veux ni de leurs excuses ni de leurs regrets; que je n'en fais pas plus de cas que de l'écorce d'un melon! que je ne suis pas, comme toi, un pennon qui tourne selon le vent qui le pousse; que je les hais pour le mal qu'ils m'ont fait, et que ce mal, ce ne sont point quelques paroles qui peuvent le réparer! que s'ils osent se présenter dans mon cabanon, je braque mon fusil contre le premier qui porte la main sur la clichette de ma porte!

Rien n'est en ce monde aussi contagieux que la colère. M. Coumbes avait déjà singulièrement froissé le fils de Millette en s'attaquant à celle qui, depuis la veille, était l'objet de ses adorations; son exaltation finit par faire perdre à Marius le sang-froid qu'il avait conservé jusqu'alors; il répondit qu'après le bienveillant accueil qu'il avait reçu de Mlle Riouffe, il se faisait un devoir de ne point se charger d'une telle commission.

— Ah! s'écria M. Coumbes le cœur gonflé d'amertume, on a beau inventer des sauces pour une girelle, toute belle qu'elle est, c'est toujours un mauvais poisson, et ses écailles vertes et orangées ne lui donnent pas un meilleur goût; c'est toujours aux dépens du cœur que Dieu nous accorde la beauté du visage; je t'avais bien jugé! Je ne sais comment j'ai pu un instant m'abuser sur ton compte. Tu prends parti pour mes ennemis; reste avec eux, sors de chez moi, malheureux! va! espère que pendant vingt ans, comme moi, ils te donneront le pain de chaque jour! Va-t'en près de ceux que tu me préfères. D'ailleurs, qu'ai-je besoin de toi? Ne suis-je pas un homme, moi! et un homme qui, quoique vieux, saura se faire respecter et châtier ceux qui l'offensent?... Ah! ah! ah! continua l'ex-portefaix avec une sorte de rire convulsif, qu'ils n'espèrent pas que les simagrées de leur perruche me feront manquer à mes devoirs!

M. Coumbes était au bout de ses forces. Si sa colère était d'autant plus violente que les accès en étaient plus rares chez lui, son paroxysme devait plus promptement l'accabler; il ne prononça sa dernière phrase qu'avec effort; les derniers mots en étaient tout à fait inintelligibles. Il s'affaissa sur le lit contre lequel il s'appuyait; ses lèvres bleuirent tandis que son visage devenait d'une pâleur livide, et il tomba suffoqué sur son matelas.

Les éclats de voix de M. Coumbes avaient depuis quelque temps déjà attiré Millette; plus morte que vive, elle écoutait au dehors; au cri que poussa Marius, lorsqu'il vit l'ancien portefaix s'affaisser sur lui-même, elle entra et s'empressa de donner des soins à son maître.

6.

Lorsqu'elle s'aperçut que celui-ci revenait à lui, elle attira Marius sur l'escalier.

— Retire-toi, mon enfant, lui dit-elle à voix basse ; il ne faut pas qu'il te retrouve lorsqu'il reprendra ses sens ; ta présence pourrait provoquer une nouvelle explosion de colère, et cette colère m'épouvante d'autant plus, que je ne me souviens pas de l'avoir jamais vu dans cet état. Surtout, que ce qui vient de se passer ne laisse point de fiel dans ton cœur ; Dieu, souvent, nous éprouve par le malheur, et, cependant, jamais nous ne nous adressons à lui que pour le remercier de ses bienfaits. Il faut agir ainsi avec tous ceux qui nous aiment, mon enfant, et ne nous souvenir que de la tendresse qu'ils nous ont témoignée. Je n'ai entendu que les dernières paroles de M. Coumbes ; j'ignore ce qui s'est passé entre lui et toi, mais je ne crois pas, comme il le craint, que tu prennes parti pour ses ennemis. Tu n'as pas le droit d'oublier qu'il fut bon et compatissant pour ta mère, alors que tout le monde la délaissait ; d'ailleurs, ceux qui ont ainsi changé un homme que j'ai toujours connu doux et paisible ne peuvent être que de méchantes gens.

Il en coûtait à Marius de laisser à sa mère cette mauvaise opinion de celle qui avait fait sur lui-même une si profonde impression ; mais la voix de M. Coumbes, quoique faible encore, avait impérativement appelé Millette, et celle-ci quitta son fils après l'avoir tendrement embrassé.

Marius quitta le cabanon le cœur bien gros et les yeux mouillés de larmes ; pendant toute la nuit son imagination d'homme du Midi avait fait bien du chemin. Il avait dix-neuf ans, et ce n'est point à cet âge que les obstacles de la naissance et de la fortune contrarient les heureuses chimères dans leur essor; il avait caressé d'heureux songes; il avait vu, selon le désir que Madeleine lui exprimait dans sa lettre, des relations quotidiennes s'établir entre les deux habitations voisines, et, à la faveur de ces relations, la passion qu'il sentait naître dans son cœur pour la jeune fille prendre les proportions d'un amour partagé. La rancunière colère de M. Coumbes venait, en s'exhalant, de souffler sur les charmants fantômes qui avaient peuplé ses rêveries et de les disperser; en sortant de l'espèce d'ivresse qu'il avait subie, il se retrouvait dans un monde qui lui semblait tout nouveau, et dont les réalités lui paraissaient bien tristes. Remis en possession de sa raison, il mesurait la distance qui le séparait de Mlle Madeleine : pour la première fois depuis vingt-quatre heures, il se rappela ce qu'il était, sa naissance, l'humble condition de l'ancien artisan dont il portait le nom, l'avenir modeste auquel il se trouvait condamné.

Marius possédait assez de grandeur d'âme pour ne

pas, en face de ses espérances déçues, rougir de son humble condition, assez de noblesse de sentiments pour n'accuser ni ceux dont il avait reçu le jour, ni même le sort; son cœur saignait, il souffrait, mais sans colère, mais sans désespoir.

Avec une fermeté virile bien rare à son âge, aussitôt qu'il eut reconnu sa faute et son erreur, il fit amende honorable de ses présomptueuses espérances; il se décida à réunir toutes ses forces, tout son courage, pour étouffer dans son germe un amour qui lui paraissait insensé : il se fit serment à lui-même de chasser de sa pensée tout ce qui, en lui, rappelait Madeleine, pensant qu'il tuerait ainsi le pouvoir qu'elle avait déjà sur son cœur.

Cette résolution était plus facile à prendre qu'à exécuter. Marius cherchait des distractions qui effaçassent la charmante image déjà gravée dans sa pensée; il n'en trouvait pas.

C'était en vain qu'il voulait admirer la mer, qu'il apercevait à l'extrémité de cette promenade sans pareille que l'on nomme le Prado, calme et étincelante sous les feux d'un beau soleil d'automne; c'était en vain qu'il évoquait le souvenir de Millette, qu'il se répétait que la pauvre femme avait besoin de toute la tendresse de son enfant, en vain qu'il cherchait à s'étourdir par des impressions plus positives en concentrant son attention sur le mouvement de piétons, de chevaux, de voitures qui, malgré l'heure matinale, se faisait autour de lui.

Quelque ferme que fût sa volonté, le souvenir de Madeleine en triomphait encore ; c'était en vain qu'il essayait de le chasser, ce souvenir se retrouvait sans cesse à ses côtés. Marius ne pouvait rien regarder, rien admirer, rien désirer sans qu'elle eût sa part de ses pensées : s'il songeait au printemps en considérant les grands platanes, c'était pour se dire qu'il serait bien doux de se promener à leur ombre avec la jeune fille lorsqu'ils auraient revêtu leur parure d'été ; si la mer bleue lui semblait belle, il se disait qu'il serait doux de glisser sur ses flots en tête-à-tête avec celle qu'il aimait, et là, dans cet isolement sublime, dans cette immensité qui vous rapproche de Dieu, de l'entendre répéter un serment d'amour ! Il n'était pas jusqu'à Millette qui ne fût devenue un prétexte pour lui rappeler Madeleine. Il pensait à la joie, à l'orgueil de sa mère, lorsqu'il lui présenterait une bru si accomplie, aux jours heureux qu'une telle alliance réservait à la vieillesse de celle-là.

Marius fut épouvanté de ce qui lui semblait une condamnable faiblesse, son trouble devint grand. Il se roidit dans la lutte qu'il soutenait contre lui-même, mais inutilement ; il parvenait bien à chasser de son cerveau la dangereuse et charmante figure de Mlle Riouffe, à éteindre la pensée qui ramenait avec elle la jeune fille, en les éteignant toutes, en se réfugiant dans cette espèce de torpeur intellectuelle qui n'est ni la vie ni le sommeil; mais alors il lui semblait qu'il entendait à son oreille une voix lui répétant un nom qui déjà à ses yeux était un poëme. Cette voix lui disait : « Madeleine ! Madeleine ! Madeleine ! » Il sentait son cœur délicieusement agité, et son sang qui coulait plus ardent et plus rapide dans ses artères.

Le jeune homme eut peur. Quel que fût le respect qu'il eût pour M. Coumbes, depuis la scène du matin, il n'était pas sans inquiétude sur la raison de celui-ci ; il se demanda si cette folie ne serait pas contagieuse, si son cerveau n'était pas devenu malade comme celui de l'ex-portefaix.

La réponse ne fût probablement pas satisfaisante, car il ne se la fut pas plus tôt adressée, qu'il prit sa course comme s'il eût été poursuivi, et traversa la ville pour retourner chez son patron.

Il espérait tout simplement que le travail rétablirait l'équilibre dans son esprit.

En passant sur l'esplanade de la Tourette, il vit ouverte l'église de la Major.

Marius n'était point un esprit fort ; à un âge où dans le Nord on dédaigne déjà la pratique, sinon les croyances, il avait conservé sa foi chrétienne dans toute sa pureté, sa simplicité primitive.

Sous ce grand portail béant, il vit Dieu qui lui tendait les bras ; dans le son majestueux de l'orgue, dont les dernières vibrations arrivaient mourante à son oreille, il crut entendre la voix du Seigneur qui lui disait que la prière était un remède bien autrement efficace que le travail contre le trouble qui l'épouvantait.

Il entra dans la cathédrale. L'office venait de se terminer, la Major était déserte. Marius se jeta dans une petite chapelle solitaire où il s'agenouilla.

En levant les yeux pour prier, son regard rencontra le tableau placé au-dessus de l'autel ; il frissonna.

C'était une copie de la célèbre toile du Corrége qui représente la grande pécheresse, patronne de la jeune fille qui avait fait sur le jeune homme une si profonde impression. La sainte, couchée au milieu d'un bois sauvage, enveloppée autant de ses longs cheveux à reflets dorés que des plis de sa tunique bleue, méditait, accoudée sur un livre, auprès d'une tête de mort.

Ce ne fut pas seulement le rapprochement des deux noms qui frappa Marius ; sous l'empire de l'espèce d'hallucination qui le poursuivait, il retrouva, dans cette image peinte, celle qu'il aimait ; il la retrouva vivante ; c'était elle, c'étaient ses yeux graves et tendres tout à la fois, l'expression sérieuse et douce de son visage. L'illusion fut si étrange, qu'il crut entendre sa voix.

Le désordre de ses idées devint effroyable, ses cheveux se dressèrent sur sa tête, son cœur battit à briser sa poitrine; il s'appuya sur ses mains de façon à se dérober la vue du tableau, et il commença de prier d'une voix émue, haletante.

— Mon Dieu, disait-il, délivrez-moi de cet amour insensé, ne permettez pas que je succombe. Vous m'avez donné une condition humble et pauvre; n'ai-je donc pas adoré votre volonté? ai-je donc manqué de courage et de résignation? Pourquoi me laissez-vous accabler de la sorte? Faites que je ne succombe pas à la tentation, ô mon Dieu! Voyez, elle me poursuit jusque devant vos autels avec les traits que je redoute sans pouvoir cesser de les adorer; elle me les montre dans ceux d'une de vos élues; — je vous implore et je tremble que vous n'exauciez ma prière; — je vous conjure de ramener le calme dans mon âme, et je me demande si ce calme ne sera pas aussi affreux que celui de la mort. O vous dont elle porte le nom, sainte bienheureuse qui avez tant souffert parce que vous aviez tant aimé, demandez à Dieu de m'envoyer la force que je ne trouve pas en moi-même, demandez-lui de permettre que je l'oublie, de faire que ce nom de Madeleine ne me remplisse plus, comme en ce moment d'angoisses à la fois délicieuses et terribles...

La prière de Marius fut interrompue par un petit cri étouffé, parti à deux pas derrière lui.

Il se retourna, il aperçut une jeune femme, simplement mais élégamment vêtue, qui cherchait à sortir de la chapelle. Un voile rabattu sur le visage de cette femme empêchait que l'on ne distinguât ses traits. Des chaises et des bancs gênaient son passage, elle les écartait avec une agitation qui témoignait qu'elle n'était pas moins troublée que le jeune homme.

Celui-ci demeurait muet, anéanti, aussi immobile que les statues florentines qui ornent la Major; une idée avait traversé son cerveau, mais sa raison se refusait à y croire.

En se voyant l'objet de l'attention de Marius, il sembla que la jeune femme perdît la tête; elle renversa un prie-Dieu dans lequel son pied s'engagea, elle trébucha.

Le fils de Millette s'élança pour lui venir en aide; mais avant qu'il fût parvenu jusqu'à elle, elle s'était relevée, et légère comme une ombre, elle avait disparu entre les nombreux piliers de la cathédrale.

Cédant à une impression toute-puissante, Marius s'élançait pour la suivre, lorsqu'il aperçut sur les dalles quelque chose que l'inconnue avait laissé tomber dans sa fuite.

Il le ramassa; c'était un missel, et sur la couverture de ce livre il lut ces lettres imprimées en caractères gothiques sur le maroquin : M. R.

Le doute ne lui était plus permis; cette jeune femme c'était Madeleine; elle avait entendu ce qu'il avait cru confier à Dieu seul.

Il n'acheva point sa prière, et quitta l'église plus bouleversé encore qu'il ne l'était en y entrant.

X

Deux cœurs honnêtes

A la suite de la rencontre qu'il avait faite dans l'église de la Major, Marius n'osa se décider à écrire à Mlle Madeleine pour la prévenir des sauvages dispositions de M. Coumbes, ainsi qu'il avait projeté de le faire.

Il était rentré, pâle, tremblant, dans la maison de son patron. Son accablement était si profond, si évident, que tout le monde l'avait cru malade et que le médecin appelé lui avait trouvé la fièvre. On l'avait couché; mais, même dans la solitude de sa petite chambre, il n'eut point la pensée d'écrire à la jeune fille; il était convaincu que, dans sa légitime indignation, elle ne pouvait faire moins que de lui renvoyer sa lettre sans la lire.

Cependant M. Coumbes ne fut pas réduit à faire usage de son talent à manier les armes à feu. M. Riouffe et sa sœur ne se présentèrent point à la grille du cabanon.

Dans la soirée, M. Coumbes reçut de son jeune voisin une lettre polie dans laquelle celui-ci reconnaissait ses torts, avec la déférence due à l'âge de l'ex-portefaix et le priait de les oublier.

M. Coumbes manqua de générosité comme il avait manqué de cette grandeur d'âme qui commande l'oubli des injures; — ce n'est point impunément qu'on atrophie ses sentiments. — Loin de voir dans cette démarche un aveu noble et loyal qui réparait dignement une faute, il se figura qu'elle avait été inspirée par ses menaces; car il ne doutait pas que Marius n'en eût été le fidèle interprète. Depuis qu'il s'était senti quelques velléités guerrières, il était un peu jaloux du rôle que celui qu'il considérait comme un enfant avait joué dans son affaire, et il se trouvait satisfait d'être placé tout au moins au niveau de Marius.

A la grande surprise de Millette, qui jamais n'avait vu son maître sortir après le soleil couché, aussitôt que M. Coumbes eut lu la lettre de Jean Riouffe, il demanda ce qu'il appelait sa lévite, l'endossa, glissa de l'argent dans son gousset et se rendit au café de Bonneveine.

C'était dans ce lieu, théâtre de ses premières humiliations, qu'il désirait faire rayonner sa gloire. Ses appétits orgueilleux n'étaient pas modifiés, mais ils suivaient sa passion nouvelle, la haine, dans la détestable direction qu'elle imprimait à ses sentiments ; on pouvait rire de sa vanité alors qu'elle se satisfaisait de l'épanouissement d'une fleur, de l'éclosion d'un légume, de la prise d'une *rascasse* ou d'un *fiela*, mais sa simplicité même lui faisait un certain caractère de grandeur. Il ne restait plus qu'à la déplorer, maintenant qu'elle l'amenait à mendier les applaudissements de vulgaires auditeurs, à stipendier leur admiration en la primant de quantité de petits verres, alors qu'il s'épanouissait aux faciles et grossiers triomphes que lui ménageait une générosité de circonstance.

M. Coumbes produisit beaucoup d'effet dans l'établissement public de son endroit ; il y lut la lettre de son voisin en l'accompagnant de nombreux commentaires sur la lâcheté de celui-ci, sur le traitement qui l'attendait s'il ne s'était pas décidé à produire ses excuses à distance. L'ex-portefaix, s'adressant à la fois à la soif inextinguible des habitués du café de Bonneveine et à l'envie que l'on éprouve généralement contre les gens riches, fut approuvé et de plus acclamé comme un foudre de guerre; il passa Saint-Georges à l'unanimité. Le nouveau bretteur restait avare en se montrant prodigue, c'est-à-dire qu'il ne s'oubliait pas dans la distribution de spiritueux qu'il avait entreprise; aussi leurs fumées, jointes à celles de la gloire, achevèrent de détraquer sa cervelle. Il rentra chez lui en improvisant des moulinets formidables avec son parapluie; il n'était pas bien certain de ne pas avoir occis toute la tribu des Riouffe, ainsi qu'il l'avait rêvé pendant la nuit précédente, comme il avait juré de le faire à la première occasion, dans la soirée qui venait de s'écouler. Lorsqu'il aperçut le toit du chalet qui se découpait en noir sur l'horizon brumeux du large, il fallut l'intervention de ceux qui, par charité ou par reconnaissance, avaient voulu le reconduire, pour l'empêcher d'y aller mettre le feu.

Dégrisé le lendemain, M. Coumbes ne se rappelait que vaguement ce qui s'était passé la veille. Mais ce qu'il en restait dans sa mémoire eût suffi à le rendre honteux si son amour-propre l'eût permis. Il fût mort plutôt que de s'avouer à lui-même qu'il avait eu tort. Il ne donna pas de sœur à cette première séance au café de Bonneveine, et cela au grand regret des consommateurs habituels de cet établissement ; mais, lorsque le hasard lui faisait rencontrer l'un d'entre eux, il continuait de triompher, moins bruyamment peut-être, mais non pas avec plus de modestie.

Cependant, la façon dont Jean Riouffe se conduisait était bien faite pour apaiser une passion moins implacable que ne l'était celle de ce mouton enragé, appelé M. Coumbes.

A dater du jour où le frère de Madeleine avait signé la paix avec son voisin, le chalet cessa d'être le théâtre des parties folles, des bruyantes orgies qui avaient si fort indigné M. Coumbes. Le samedi soir, Mlle Riouffe y arrivait quelquefois avec son frère, le plus souvent en compagnie d'une vieille servante. Elle y passait trente-six heures, comme le faisait le propriétaire du cabanon au temps où les affaires ne lui laissaient pas la libre disposition de son temps. Quelques promenades dans le jardin, le soin de ses fleurs, de rares excursions sur les rochers de la côte étaient les seules distractions de la jeune fille. Le chalet était devenu aussi silencieux, aussi paisible, aussi honnête que son camarade de gauche.

Il n'était pas possible à M. Coumbes de se refuser à l'évidence, aussi ne l'essayait-il pas ; il se contentait d'imposer rudement silence à Millette, lorsque celle-ci, sincèrement affligée de voir les tristes humeurs de son maître survivre à leur cause, essayait de constater cette amélioration.

Il ne lui était plus permis de recouvrer la douce quiétude, l'indifférence qui, jusque-là, avaient caractérisé sa vie. Les méchants sentiments ressemblent aux mauvaises herbes des champs; un brin de racine suffit pour les perpétuer. L'envie et son cortége avaient pris possession du cœur de M. Coumbes, tout lui était prétexte pour n'en plus sortir; à défaut du maître, ce fut le jardin du chalet qui empoisonna l'existence de l'ex-portefaix.

Ce jardin n'était ni plus long, ni plus large, ni moins mal situé, ni mieux exposé que celui de M. Coumbes, et pourtant, l'année dans laquelle on était entré n'ayant pas ressemblé à la précédente, les résultats se montraient bien différents : celui de M. Coumbes avait de plus belle repris cet aspect de poêle à frire que nous avons longuement dépeint au commencement de ce volume. En dépit du mistral et du soleil, celui de Riouffe demeurait frais, luxuriant et parfumé. De nombreux apports de terreau avaient déjà modifié le sol; des rideaux de tamaris et de cyprès plantés grands avec la terre dans laquelle ils avaient poussé; des abris nombreux en paille protégeaient les plantes; si, malgré tant de précautions, la sécheresse ou la bise parvenait à les détruire, elles étaient remplacées avec une prodigalité qui ne permettait pas de s'apercevoir de cet accident.

Le spectacle de cette prospérité inouïe blessait M. Coumbes aussi cruellement que les mauvaises plaisanteries de Jean Riouffe et de ses compagnons avaient pu le faire. Il essaya de lutter contre ce qu'il nommait une révoltante partialité de la nature; il multiplia les arrosements; il fit plantations sur plantations; il se livra à des dépenses que lui-même caractérisait d'insensées; mais, soit qu'il s'y fût pris trop tard, soit par toute autre raison inhérente au sol, rien ne lui réussit, et le clos de ses voisins, qui attestait son infortune, perpétua son aversion pour eux. Il détournait la tête lorsque ses regards rencontraient les cimes verdoyantes des arbustes qui dépassaient les murailles; lui en parler provoquait chez lui une attaque de nerfs. Malheureusement, cette splendeur horticole trouvait moyen de se révéler encore : la brise de mer, en passant au-dessus de l'habitation de Riouffe, se chargeait des parfums des roses, des tubéreuses, des héliotropes, des œillets, des jasmins qui en garnissaient les élégantes corbeilles, et les apportait fidèlement à M. Coumbes. Malgré le mépris que celui-ci nourrissait pour ces cultures frivoles, ce témoignage d'une supériorité écrasante achevait de l'exaspérer; il finit, comme tous les envieux, par dédaigner ce qui, pendant

trente ans, avait fait son bonheur, par prendre en
dégoût ce qui était son orgueil ; il délaissa son jardin
et ne s'occupa plus que de la pêche, qui avait cet
avantage qu'elle le tenait éloigné pendant des journées entières d'un voisinage abhorré.

Ce n'était point Jean Riouffe qui avait fait du jardin de son chalet une merveille si désobligeante pour l'ex-portefaix.

A la suite de la visite de Marius, Mlle Madeleine avait adressé à son frère de tendres mais sévères remontrances au sujet de ses procédés vis-à-vis de M. Coumbes. L'affliction qu'ils causaient à celui-ci était devenue touchante en passant par les lèvres d'une sœur que Jean Riouffe adorait. Il avait bon cœur, comme la plupart des mauvais sujets ; il essaya de tourner en plaisanterie l'attendrissement de la jeune fille ; mais voyant que celle ci restait grave, il se rendit et promit d'exécuter tout ce qu'elle lui demanderait.

Il avait consenti à aller en personne faire amende honorable à ce personnage qu'il ne pouvait s'empêcher de trouver fort ridicule ; mais, dans la journée même où cette démarche devait s'effectuer, Mlle Madeleine parut avoir changé d'avis, et la lettre dont M. Coumbes avait fait trophée remplaça la visite projetée. Jean Riouffe l'écrivit de bonne grâce ; il promit, en outre, à sa sœur, que le chalet cesserait d'être le

7.

siége de la société des Vampires, et il tint loyalement sa parole. Mlle Madeleine purifia par sa présence ces murs déjà souillés, tout neufs qu'ils étaient.

La première fois qu'elle était venue à Montredon, situation, architecture, aménagements intérieurs, Mlle Madeleine trouva tout horrible et déclara dix fois à son frère que, si nécessaire qu'il fût pour lui de cacher ses exploits et ceux de sa bande, elle ne pouvait concevoir qu'il eût fait choix d'un semblable désert pour y planter sa tente.

Mais, depuis les événements que nous venons de raconter, par un revirement inexplicable, si féminin qu'on le suppose, la jeune fille revint de ses prétentions premières ; les grèves désolées des abords du cap Croisette ne lui semblèrent plus aussi maussades ; les pitons de Marchia-Veyre prirent à ses yeux un aspect qui n'était point sans charmes ; la transparence de la mer, s'émaillant d'aigues-marines et de bleu selon les couches alternatives d'algues ou de sable, lui parut attrayante ; il n'était pas jusqu'à l'isolement, dont elle avait fait un si gros crime au pauvre chalet, qui n'eût quelque avantage qu'elle n'oublia pas de signaler. Un mois ne s'était pas écoulé qu'elle priait son frère de lui céder la propriété de sa petite maison de campagne.

Celui-ci travaillait à étudier toute autre chose que le caractère des femmes ; il ne perdit point son temps à demander à sa sœur les raisons de cette contradiction flagrante avec ses impressions premières; cette vente faisait rentrer dans sa poche un argent qui, depuis quelque temps, lui faisait défaut; il y consentit à l'instant même.

Cette acquisition n'eut que dans ses débuts le caractère du caprice. Chaque jour Mlle Madeleine s'y attacha davantage. Elle parlait peu de son chalet, n'invitait personne autre que son frère à l'y accompagner, mais tout concourait à prouver qu'elle y pensait sans cesse.

C'était elle qui présidait aux soins qui avaient changé l'enclos en un Éden, dont les émanations avaient si cruellement poursuivi M. Coumbes; sa préoccupation constante des améliorations, des embellissements à y apporter lui fournissait des distractions qui, quelquefois, lui faisaient négliger les affaires; sa passion pour les fleurs la lançait dans des acquisitions que son frère, en se reportant aux habitudes d'ordre et d'économie que tant de fois sa sœur lui avait données pour exemple, ne pouvait comprendre; enfin, les commis eux-mêmes remarquèrent avec une stupéfaction profonde que, le samedi soir, leur jeune patronne, qui, jadis, restait la dernière à son travail, regardait maintenant sans cesse à sa montre, comme pour s'assurer si l'heure du départ pour la campagne n'arrivait pas.

Donnons sur-le champ le mot de cette énigme, et pour cela retournons un peu en arrière.

Mlle Madeleine, après la conversation dans laquelle elle avait surmonté les répugnances que son frère manifestait pour les excuses dont Marius avait déclaré se contenter, s'était rendue à la Major ; elle voulait remercier Dieu d'avoir permis qu'elle terminât pacifiquement une affaire qui, si les deux jeunes gens se fussent rencontrés, si la résolution de l'un se fût trouvée placée en face de l'amour-propre de l'autre, eût eu nécessairement un dénoûment sanglant.

Nous avons vu comment le hasard conduisit Marius dans la chapelle même où se trouvait la jeune fille ; comment, dans le désordre de ses idées, celui-ci fut amené à se croire seul ; comment et dans quels termes le nom de Madeleine sortit de ses lèvres.

Mlle Riouffe rentra fort émue à sa demeure ; elle cherchait à s'égayer sur la passion instantanée qu'elle avait inspirée à ce jeune homme ; ses lèvres seules trouvaient un sourire, son cœur restait grave, il devenait rêveur. Elle essaya de raconter à son frère l'extravagance de cet adolescent. Au premier mot qu'elle en dit, elle demeura interdite, n'acheva pas et fut réduite à chercher un mensonge pour dissimuler son embarras.

Peu à peu cette extravagance changea et d'aspect

et de nom à ses yeux. La prière de ce pauvre garçon, qui demandait à Dieu de lui donner assez de force pour résister à un amour qui pouvait le faire dévier de la voie de probité stricte, de labeur résigné qu'il entendait suivre, cessa de lui paraître ridicule et lui sembla touchante ; elle y vit l'indice d'un caractère élevé, d'une âme honnête.

A la suite de ces qualités morales, elle se rappela des avantages physiques demeurés jusqu'alors dans les limbes de sa mémoire, mais qu'elle était trop femme pour n'avoir point remarqués ; elle se souvint, avec un battement de cœur qu'elle n'était plus la maîtresse de comprimer, que Marius était beau, de cette beauté sévère des hommes du Midi qui, dans l'adolescence, ressemble déjà à la maturité ; elle évoqua dans sa rêverie le fantôme du jeune homme ; elle revit ce regard ferme et résolu lorsqu'il parlait de M. Coumbes, tendre et humble lorsque Madeleine lui racontait les afflictions qui avaient déjà marqué sa vie, sa lèvre dédaigneuse lorsqu'elle hasardait quelque allusion aux dangers qu'il allait affronter.

Pendant quelques jours, ces pensées se représentèrent à l'esprit de la jeune fille, lorsqu'elle s'aperçut que c'était vainement qu'elle cherchait à triompher de leur opiniâtreté ; elle envisagea la situation beaucoup plus froidement, beaucoup plus résolûment que Marius ne l'avait fait.

Son dévouement à son frère commençait à donner de très-appréciables résultats. Cédant à l'influence de Madeleine, Jean Riouffe se montrait moins avide de plaisirs, il devenait de plus en plus froid avec ses compagnons de débauches; plusieurs fois déjà il avait manifesté l'intention de s'établir.

Le moment approchait donc où la tâche de sa sœur serait accomplie, où l'entrée d'une belle-sœur dans la maison rendrait le rôle de celle-ci bien difficile, où elle se trouverait comme une étrangère au milieu de la nouvelle famille de son frère. Ce qu'autrefois elle avait envisagé d'un œil calme, ce qu'elle avait appelé de tous ses vœux, elle ne pouvait plus y songer sans terreur. Elle se demandait ce qu'elle deviendrait lorsqu'elle ne saurait plus où étancher la soif d'amour qui dévorait son âme, et elle sentait ses yeux qui se remplissaient de larmes et son cœur qui se déchirait.

Il y avait entre celui qu'elle croyait le fils de M. Coumbes et elle une grande différence de position; mais, si l'habitude d'une vie réglée et positive avait mûri son esprit, les chagrins de sa jeunesse avaient dégagé sa raison de préjugés qui pouvaient l'obscurcir.

Après ce qu'elle avait entrevu du caractère de Marius, elle pensa qu'elle avait plus à gagner à descendre jusqu'à lui, qu'à être élevée jusqu'à un autre qui ne le vaudrait pas.

Elle crut obéir à la raison : c'était probablement la passion qui déjà suffisait seule à la déterminer.

Quoi qu'il en fût, elle n'essaya plus de contrarier son penchant ; elle s'y abandonna avec la sincérité d'un cœur honnête ; elle était trop vraiment vertueuse pour masquer son inclination sous les dehors d'une fausse prudence ; elle n'hésita pas à se rapprocher de Marius, et devenue à son tour voisine de M. Coumbes, elle attendit que le fils de celui-ci donnât une suite au prologue qui s'était passé dans le sanctuaire de sainte Madeleine.

Mais, quelle que fût sa patience, Marius semblait devoir en abuser ; l'été était passé, l'automne commencé, sans qu'il eût adressé la parole à celle qui l'avait reçu avec tant de bienveillance. Il mettait autant d'acharnement à la fuir que la jeune fille en mettait à le rencontrer, et, lorsque par hasard il lui était impossible de l'éviter, il baissait les yeux pour ne les relever que lorsqu'elle était disparue.

XI

Où il est démontré qu'avec beaucoup de bonne volonté il est quelquefois difficile de s'entendre

La réserve et la froideur que Marius témoignait à Mlle Madeleine n'étaient rien moins que sincères.

Sa rencontre avec elle dans l'église de la Major avait triomphé de ses scrupules ; superstitieux comme tous les hommes sincèrement religieux, il avait vu dans le hasard qui les avait si singulièrement rapprochés, et qui avait initié la jeune fille à un secret dont jamais il n'eût osé lui faire l'aveu, une intervention manifeste de la Providence ; sous l'impression de cette pensée toute-puissante, les froides inspirations de la raison et du devoir s'étaient évanouies, et tout en lui s'était associé au cri d'amour parti de son cœur.

Ce sentiment, les circonstances forçaient Marius à le concentrer, à le taire ; il devint donc très-promptement de la passion.

Mais ce qui caractérisait spécialement l'amour dans cette nature forte, juvénile et primitive, c'était le respect que lui inspirait Madeleine ; ce respect dégageait cet amour de toute aspiration terrestre ; il lui inspirait la foi profonde, l'humilité sincère et aussi les élans passionnés d'un dévot pour la Madone. C'était un culte, une idolâtrie. Il eût volontiers traversé à la nage le bras de mer qui sépare l'île de Pomègue de Montredon, pour respirer l'air que respirait sa bien-aimée, et il n'eût pas osé, cette prouesse achevée, toucher du bout de son doigt le bas de la robe de la jeune fille pour le porter à ses lèvres ; cette robe lui semblait de marbre comme celle d'une statue, jamais son imagination n'avait songé à en interroger les plis.

Il baissait les yeux lorsqu'il rencontrait Mlle Riouffe, et elle avait pris dans sa vie le rôle que Dieu a donné au soleil dans la nature ; Marius semblait la fuir, et cependant sa pensée était perpétuellement présente à son esprit.

Cette contradiction apparente, dans une âme susceptible de résolutions énergiques, s'explique par le sentiment que Marius avait de son infériorité vis-à-vis de Madeleine ; il y avait si loin, de la jeune fille inscrite au livre d'or du haut commerce marseillais, à un pauvre enfant sans nom, élevé par la charité d'un maître portefaix, qu'il ne lui paraissait pas possible que cette distance fût un jour franchie ; il aimait sans espoir, et sa passion n'en était que plus ardente. Elle se nourrissait de songes, et, si creux qu'ils soient, les amours n'ont jamais souffert à ce régime.

D'après les dispositions dans lesquelles Mlle Riouffe était pour le fils de Millette, celui-ci n'avait qu'à faire un pas en avant pour être plus heureux.

Il n'avait pas la force d'étendre des mains suppliantes vers celle qui lui était si chère, et, dans ses adorations muettes et solitaires, il trouvait d'ineffables jouissances.

Tous ceux qui voudront bien se souvenir d'avoir été jeunes, le comprendront. Que sont nos plaisirs, que sont nos joies de l'âge viril, auprès des délicieuses ivresses de l'adolescence, alors que le cœur cherche à se débarrasser de ses langes, à balbutier son premier cri, alors que le souffle d'une femme, le bruissement de sa robe, un mot, un regard, une fleur échappée de ses doigts, nous ont jetés dans des extases qui seules peuvent donner une idée des jouissances du septième ciel?

Le parti que M. Coumbes avait pris d'abandonner son jardin, de passer la plus grande partie de son temps sur la mer, donnait à Marius, lorsqu'il venait au cabanon, une liberté qu'il n'avait pas connue jusqu'alors; Millette était trop heureuse de l'avoir auprès d'elle, trop occupée des soins domestiques, pour contrecarrer ou observer ses actions ; la journée du dimanche appartenait à ses amours.

L'indifférence que nous avons signalée, cessait aussitôt que le jeune homme était certain que Madeleine ne pouvait plus l'apercevoir. Il prenait possession de l'observatoire abandonné de M. Coumbes, et il passait de longues heures à observer la jolie voisine ; il la regardait amoureusement, caché derrière le store, aller et venir dans son jardin, donner de l'eau à ses plantes, débarrasser ses rosiers de leurs fleurs fanées ; il admirait sa beauté, sa grâce, sa simplicité ; et ces mérites qui, depuis six mois, étaient le texte ordinaire de l'hymne à l'amour que chantait son cœur, il lui semblait toujours qu'il les remarquait pour la première fois.

Si Madeleine sortait pour s'aller promener dans le voisinage, Marius attendait qu'elle eût tourné le mur de la grande ferme située un peu plus loin que le cabanon ; alors il s'esquivait et se mettait à la suivre ; il marchait derrière elle avec la précaution d'un guérillero qui avance dans la montagne, se jetant à plat ventre lorsque par hasard elle se retournait, se dissimulant dans les anfractuosités des rochers lorsqu'un détour pouvait la lui faire rencontrer, se faisant un abri des sapins, des oliviers rabougris de la colline. Quand la jeune fille s'arrêtait, son regard ne la quittait pas ; il suivait avec avidité tous ses mouvements, tous ses gestes, et, en outre du bonheur qu'il éprouvait à la voir, cette course souvent fatigante avait son dédommagement : il pouvait cueillir les fleurs qu'avaient touchées la main de Madeleine, que sa robe avait courbées en passant ; il en formait un bouquet qu'il emportait dans sa chambre, et, pendant toute la semaine, il adressait à cette fragile et incertaine émanation de la reine de ses pensées, des tendresses que n'eût point désavouées le sentimentalisme d'un étudiant de Francfort.

Tout l'été se passa de la sorte et sans que le hasard, qui avait si peu à faire cependant pour fournir un trait d'union à deux cœurs remplis de tant de bonne volonté l'un pour l'autre, se décidât à les rapprocher.

On était à la fin de septembre, et les habitants du cabanon et du chalet se montraient également soucieux :

M. Coumbes, parce que, si l'équinoxe d'automne avait enlevé les derniers parfums du jardin envié, elle avait aussi ramené les tempêtes ; que la houle se faisait vague, que la vague se faisait montagne, que les courses aux îles de Riou, théâtre ordinaire de ses exploits, devenaient impraticables.

Millette avait plusieurs raisons d'être triste.

Marius était de la prochaine conscription, et la pauvre mère n'en voyait pas venir le moment sans terreur. Elle était inquiète de la destinée que le sort réservait au jeune homme ; elle était bouleversée lorsqu'elle songeait qu'il allait être nécessaire qu'elle fît à celui-ci l'aveu de sa situation réelle ; elle craignait que son fils n'eût surpris le secret de ce qu'avaient été les relations de l'ex-portefaix avec sa servante ; elle se sentait rougir et frémir en pensant qu'il lui faudrait avouer à son enfant que cet homme n'était pas son père, lui apprendre le nom et la condition de son mari ; elle commençait à comprendre que, si grands qu'eussent été les torts de ce dernier, sa conduite à elle n'en était pas moins condamnable ; les remords se faisaient jour dans son âme ; elle se demandait si la malédiction de celui auquel elle avait donné le jour n'allait pas lui servir de premier châtiment.

Marius redoutait l'hiver, qui rendrait les apparitions de Mlle Riouffe à son chalet moins fréquentes.

Madeleine, qui, malgré la perspicacité que l'on attribue aux femmes, n'avait rien surpris des sentiments que le jeune homme cachait avec tant de soin, Madeleine éprouvait ce découragement et cette lassitude qui suivent les déceptions ; elle avait échafaudé un roman, et, du héros principal, elle ne pouvait saisir que l'ombre ; elle avait beau traiter cavalièrement ses regrets, se répéter qu'après tout la Providence se montrait plus sage qu'elle-même ne l'avait été, en prononçant en faveur de la raison et contre le penchant auquel elle avait cédé; elle ne parvenait pas à inculquer cette philosophie à son cœur, il saignait. Ses sentiments étaient trop élevés pour qu'elle s'abandonnât à un vulgaire dépit; mais elle devenait sombre, mélancolique, maladive ; elle avait profité des bonnes dispositions toujours croissantes de son frère pour lui remettre la direction de la maison de commerce, et pour pouvoir passer ses derniers beaux jours à Montredon.

Afin de calmer les insomnies qui la tourmentaient, Madeleine faisait des promenades de plus en plus longues et de plus en plus fréquentes.

Un jour, s'abandonnant à ses pensées, elle avait tourné le cap Croisette et s'était assise toute rêveuse sur une de ces roches que la mer, en se brisant sur leurs flancs, a dentelées comme des guipures.

Son regard allait de cette Méditerranée azurée et pailletée d'or, de ces blocs de pierre beaux dans leur nudité, qu'elle avait devant elle, au ciel profond et morne à force d'être limpide.

Tout à coup, elle crut entendre dans l'éloignement un cri de détresse; elle se leva, et, s'aidant des mains autant que des pieds, elle parvint à gravir la pointe du rocher qui domine l'extrémité méridionale du cap. Madeleine ne vit rien ; mais d'autres cris, quoique de plus en plus faibles, arrivèrent distinctement à son oreille.

Elle marcha résolûment dans cette direction ; son entreprise était difficile et périlleuse.

Dans les gros temps, la pointe extrême du cap Croisette disparaît entièrement sous les eaux ; les flots ont laborieusement fouillé les rochers qui le composent ; aux endroits où ils ont trouvé du marbre ou du granit, le travail des siècles se révèle par de capricieux dessins qui n'entament que la surface de la pierre ; mais lorsque celle-ci était tendre, lorsque la terre en séparait les couches, le roulement des vagues a creusé de profonds sillons, canaux innombrables dans lesquels la mer circule.

Sautant de pointe en pointe, de rocher en rocher, avec autant de vigueur que d'adresse, Madeleine arriva à la partie de la langue de terre d'où les appels désespérés qu'elle avait entendus lui avaient paru venir.

C'était précisément à l'endroit où le cap se relève au pied d'une éminence considérable et presque verticale.

En tournant cette éminence du côté de la Madrague, elle aperçut un homme étendu, sanglant et évanoui, sur le sol.

Malgré l'aspect sordide de cet homme, malgré des vêtements en lambeaux, le premier mouvement de la jeune fille fut de se précipiter vers lui, de le prendre dans ses bras, d'essayer de l'adosser contre les parois du rocher pour le rappeler à la vie.

Mais, quel que fût son courage, cette tâche était au-dessus de ses forces; la tête de l'homme qu'elle avait soulevée s'échappa de ses mains et retomba inerte sur le sol. Madeleine le crut mort; une terreur irrésistible s'empara de ses sens; elle voulut fuir, mais ses genoux chancelants se dérobèrent sous elle; elle voulut à son tour appeler à son secours, mais sa voix mourut dans sa gorge; elle ne réussit qu'à pousser un cri rauque et inarticulé; elle tomba aux côtés de l'homme, inanimée comme lui.

Si faible qu'eût été cet appel, il avait été entendu.

Un homme parut sur la crête du rocher qui dominait cette scène d'une douzaine de pieds, et, sans hésiter une seconde, et d'un bond qui supposait une vigueur de muscles extraordinaire, il s'élança auprès de Madeleine.

Au milieu de son trouble, dans celui qui venait si subitement à son secours, Madeleine reconnut Marius; malgré le désordre de ses idées, elle vit clairement à l'angoisse, à la tendresse peinte sur la physionomie du fils de Millette, que Dieu n'avait point exaucé la prière que celui-ci lui avait adressée dans la chapelle de la Major.

Elle tendit ses bras vers lui avec un sourire d'une expression indicible.

— Mademoiselle, mademoiselle, vous n'êtes pas blessée ? s'écria Marius, pâle et saisissant les deux mains qu'on lui présentait.

Madeleine, encore dominée par son émotion, ne put répondre; elle secoua la tête négativement et indiqua d'un geste l'homme qui gisait sans mouvement à deux pas d'elle.

L'extérieur de cet homme était si repoussant, que, par un mouvement d'horreur qu'il ne put réprimer, Marius enlaça Madeleine dans ses bras et l'éloigna de l'inconnu.

— Au nom du ciel! allez à lui, murmura la jeune fille; je puis me passer de vos secours; mais, lui, il se meurt peut-être.

Une prière de Madeleine était un ordre pour Marius.

Il alla au pauvre diable, entr'ouvrit la blouse qui servait à celui-ci de chemise et de vêtement, posa la main sur son cœur et s'assura qu'il battait encore.

Il plongea son chapeau dans une des étroites lagunes du voisinage et en versa quelques gouttes sur le visage de l'inconnu.

La fraîcheur de l'eau ramena quelque couleur sur ses joues livides; ses lèvres s'entr'ouvrirent; il respira longuement et avec effort.

— Faites-lui respirer ces sels, dit Madeleine, qui s'était rapprochée, en tendant un flacon au jeune homme.

Sous l'impression stimulante, le malheureux reprit ses sens; ses yeux, jusqu'alors fixes et ternes, s'éclaircirent et se vivifièrent ; mais, à la grande surprise des deux jeunes gens, ces yeux ne se fixèrent sur eux qu'avec une expression d'appréhension anxieuse très-remarquable : après quoi, ils fouillèrent tous les alentours pour s'assurer s'il n'y avait pas à d'autres témoins.

Marius et Madeleine purent alors observer avec plus d'attention l'inconnu, c'était un de ces hommes qui portent si fortement accusée sur leur visage l'empreinte de toutes les passions mauvaises, qu'il semble impossible de leur assigner un âge. Ses prunelles, fortement rougies par des excès alcooliques, encavées dans des orbites couronnées de sourcils épais et grisonnants, avaient un caractère de férocité que ne démentait pas sa bouche contractée aux deux extrémités; des rides profondes sillonnaient ses joues à moitié cachées par une barbe longue et hérissée; son front était considérablement déprimé, des cheveux coupés très-ras en dessinaient nettement le contour, et cette disposition de la partie supérieure de sa figure, jointe au développement des os maxillaires, achevait de lui donner une physionomie bestiale.

A mesure que l'intérêt qu'il avait inspiré se dissipait, il apparaissait plus horrible.

— Pauvre homme! dit Madeleine en cherchant à maîtriser la répulsion qu'elle se sentait pour lui ; que vous est-il donc arrivé?

—Eh! tron de l'air! répondit l'inconnu sans le moindre souci de reconnaissance et en regardant son interlocutrice avec une parfaite insolence, si vous voulez que je parle, il faudrait commencer par m'humecter le parloir.

— Que dit-il? fit la jeune fille.

Marius n'était pas plus patient que ne le sont ordinairement ses compatriotes ; mais, depuis deux minutes, depuis qu'il avait vu se réaliser ce que jamais il n'avait osé rêver, depuis qu'il sentait le bras de Madeleine sous le sien, le peu qu'il possédait de cette vertu avait diminué de moitié.

—Savez-vous, l'homme, s'écria-t-il, que si vous continuez de la sorte, je vous jette dans ce trou, où, si vous trouvez à boire, vous risquez fort d'apporter à manger aux langoustes?

Madeleine retint le bras du jeune homme déjà levé, comme si l'effet eût dû suivre immédiatement la menace. En même temps, elle lui adressa un coup d'œil suppliant.

L'homme avait essayé de se soulever pour faire face à son adversaire; mais, dans son mouvement un peu brusque, il froissa le membre endolori, et la douleur lui arracha un cri

La pitié rentra dans le cœur de Marius, en même temps que le sentiment de sa triste position triomphait des velléités hargneuses qu'avait manifestées l'inconnu.

— Eh! bon Dieu! dit-il, ce n'est point insulter cette jolie dame que de lui demander un peu de vin ou d'eau-de-vie pour rafraîchir mes lèvres après la cabriole que je viens de faire! Songez donc, mon petit brave, que je faisais un somme sur la pointe du rocher que vous voyez là; je rêvais des choses charmantes; il me semblait que le bon Dieu m'avait chargé de faire une distribution de coups de bâton à toute la terre; je tapais, je tapais, tron de l'air, que le cuir du dos des chrétiens ce n'était plus qu'une vraie bouillie! J'ai tapé trop fort, triple coquin de sort! car, en tapant dans mon rêve, j'ai fait un mouvement sur mon matelas de pierre de taille, et il m'a semblé tout à coup que c'étaient mes reins qui servaient de rendez-vous aux nerfs de bœuf des chiourmes des quatre parties du monde; j'étais tombé de là-haut à l'endroit où vous m'avez trouvé et où vous me voyez encore.

— Singulière place que vous aviez choisie là pour dormir! dit Marius.

— C'est que j'étais sûr de ne pas y être dérangé,

répliqua l'homme avec un clignement d'œil qui pouvait être un signe de reconnaissance, mais que le jeune homme ne comprit pas ; après ça, continua-t-il, je ne défends pas ma chambre à coucher, et je conviens qu'avec une *novi* comme celle que vous avez à votre bras, la vôtre doit vous paraître bigrement plus agréable que la mienne.

Madeleine et Marius rougirent simultanément. Depuis que le fils de Millette avait menacé l'inconnu, la jeune fille n'avait point lâché sa main, qu'elle avait saisie ; en entendant ce langage bizarre et grossier, elle s'était serrée contre son protecteur, leurs poitrines se touchaient et sa tête s'appuyait sur l'épaule de Marius ; ils s'écartèrent brusquement l'un de l'autre.

— Eh ! tron de l'air ! s'écria le blessé en remarquant cette pantomime, on dirait que ce mot de *novi* vous fait peur ; au fait, pour un vieux singe, j'ai exécuté une sotte grimace ; si vous étiez mariés, vous ne vous promèneriez pas en tête-à-tête dans les collines. Mais, soyez tranquilles, ajouta-t-il avec un rire ironique et bruyant, je n'ai le droit de me montrer sévère pour aucune espèce de contrebande.

— Finissons-en, répliqua Marius, qui blémissait de colère. Vous devez comprendre que mademoiselle, pas plus que moi, n'a de liqueur dans sa poche ; le poste des douaniers n'est pas à plus d'un quart de lieue d'ici; en nous en allant, nous les préviendrons, et vous aurez non-seulement ce que vous désirez, mais encore les secours dont vous avez besoin.

L'homme ne fut pas le maître de dissimuler l'inquiétude et le mécontentement que lui causait cette proposition; il perdit pour une minute l'assurance effrontée qui le caractérisait.

— Non, non, répondit-il en hochant la tête, leur charité ne descendrait pas si bas; si j'étais un gros marchand de savon ou un armateur, à la bonne heure, ils me ramasseraient dans l'espoir de recevoir une bonne pièce; mais, à mon uniforme, vous avez dû reconnaître mon état; je ne suis qu'un pauvre mendiant, et ces jolis messieurs de la côte me relèveraient à coups de talon de botte. Non, non, je ne me soucie pas de pourrir au dépôt, où ils m'enverraient soigner ma convalescence.

— Voyons, à quoi vous décidez-vous? interrompit Marius. Voici la nuit qui arrive; nous ne voulons pas vous laisser ici; le vent tourne au nord ouest, nous aurons du mistral cette nuit, et la mer battra à l'endroit même où vous êtes étendu; d'un autre côté, en réunissant mes forces à celles de mademoiselle, il nous serait impossible de vous transporter même jusqu'au village de la Madrague.

— Dites donc aussi que vous ne vous souciez pas

de voir la jolie main blanche se salir aux haillons du vieux homme; il n'est pas ragoûtant, je le sais bien.

— Que désirez-vous, enfin?

— Aidez-moi à passer l'inspection des blessés.

Le mendiant se redressa avec effort; Marius le plaça sur son séant; il étendit ses deux jambes l'une après l'autre, et, s'apercevant qu'elles exécutaient sans trop de douleur les mouvements ordinaires, il passa ses mains noires et calleuses sur ses tibias avec une nuance de satisfaction évidente.

— Bon! dit-il en les désignant, les canons de retraite sont intacts!

Puis, montrant ses bras et ses doigts:

— A part deux ou trois éraflures, les pièces de chasse ne sont pas trop endommagées non plus; j'en suis quitte pour quelques avaries dans la coque. Dans deux jours, je sortirai remis à neuf du bassin de radoub.

Il essaya de se mettre sur ses pieds; mais, lorsqu'il voulut remuer son corps meurtri, la souffrance lui arracha une horrible grimace. Marius et Madeleine étendirent en même temps les mains pour le soutenir.

— Ah! coquine de carcasse! s'écria le mendiant, tu veux te dorloter, je le vois bien! Allons, il faut que vous me remontiez dans ma chambre à coucher

Et, du doigt, il indiquait le rocher perpendiculaire.

— Vous ne pouvez passer la nuit là, exposé à toutes les intempéries de la saison, nous ne le souffrirons pas.

— Comme on fait son lit, on se couche, répondit le mendiant en haussant les épaules; et j'aime tant le grand air, que je me trouverai mieux à la place que j'ai choisie; l'humilité est une de mes vertus, et, ne valant pas mieux qu'eux, je me contente du gîte que le bon Dieu donne aux oiseaux de la côte. Allons, ajouta-t-il en prenant l'accent traînant et nasillard des mendiants de profession, un peu de charité, mon bon monsieur, s'il vous plaît, et je prierai Dieu pour qu'il bénisse votre mariage et qu'il vous donne le paradis.

L'expression de railleuse impiété avec laquelle le blessé avait prononcé ces paroles, augmenta encore la répulsion que Marius ressentait pour lui; cependant, il le chargea sur ses épaules, tourna le rocher, gravit le seul côté par lequel ce dernier fût praticable et déposa l'homme sur une plate-forme qui couronnait l'éminence.

Ce lieu était parfaitement choisi pour le campement d'un personnage qui paraissait peu avide de nouer quelques relations avec les douaniers et les pêcheurs qui hantaient le cap Croisette.

A son extrémité méridionale, une saillie de pierre faisait rempart et ménageait, entre lui et la face verticale, un abri de quelques pas de largeur dans lequel on pouvait se trouver garanti à la fois contre le vent du nord-ouest et contre l'indiscrétion des promeneurs.

En remarquant que le bissac du mendiant s'y trouvait, Marius voulut y transporter le misérable.

— Non, non, dit celui-ci, la nuit est venue; je suis bien ici. Je ne me soucie pas de m'exposer à une seconde culbute; seulement, approchez de moi la soute aux vivres.

Marius comprit ce que le blessé désignait ainsi; il ramassa le sac de toile qu'il avait aperçu; ce sac était beaucoup plus lourd qu'il ne semblait en apparence; il rendit en tombant sur le roc un bruit de ferraille qui étonna le jeune homme.

— Qu'avez-vous donc là dedans? dit-il.

— Tron de l'air! et que t'importe? ne veux-tu pas faire *le curieux*, toi aussi? Va me vendre aux gabelous, si tu l'oses, et, avant qu'il soit la Saint-Jean prochaine, tu verras flamber ta bicoque, je te le jure.

— A mon tour, je vous jure que, malgré vos menaces, je vais le faire, mon brave; vous m'avez l'air de tout autre chose que d'un pauvre qui demande honnêtement sa vie à la charité des chrétiens.

Pendant que Marius parlait ainsi, le mendiant avait plongé sa main dans le bissac et en avait tiré une gourde ; il en aspira à longs traits le contenu ; la chaleur de l'alcool lui rendit toute son audace ; il fit un effort suprême, se trouva debout et se précipita sur celui qui l'avait si généreusement secouru.

Madeleine poussa un cri que répétèrent les échos des collines.

Mais le mendiant n'avait point surpris le jeune homme ; celui-ci, par un mouvement rapide comme la pensée, s'était brusquement rejeté en arrière, et, prenant un large couteau dans sa poche, il en menaça la poitrine de l'assaillant.

Ce dernier vit luire dans l'ombre trois éclairs : celui que jetait la lame, et ceux qui partaient des yeux du jeune homme ; il comprit sur-le-champ qu'il avait affaire à un adversaire vaillant et déterminé, et, changeant avec une facilité merveilleuse l'expression menaçante de sa physionomie, il fit rentrer dans sa manche un poignard qu'il tenait entre le pouce et l'index, puis il éclata de rire.

— Ah ! ah ! ah ! dit-il, quand je vous disais que l'eau-de-vie serait pour moi un remède merveilleux ! Je n'en ai bu que quelques gouttes, et me voilà déjà en état de vous faire peur... Allons, rempochez votre outil à détacher les moules, mon garçon ; vous ne voudriez pas vous en servir contre un pauvre diable qui, de son côté, n'est pas assez ingrat pour vouloir faire du mal à ceux qui lui ont sauvé la vie.

Puis, voyant que Marius ne se décidait point à quitter sa position défensive :

— Voyons, continua-t-il en donnant un coup de pied au bissac mystérieux, tenez-vous donc à savoir ce qu'il y a là dedans ? Ce sont des clous, des morceaux de cercles que j'arrache aux épaves que saint Mistral nous envoie ; c'est un pauvre commerce ; mais, si misérable qu'il soit, le gouvernement ne le dédaigne pas et ne souffre pas que nous lui fassions concurrence ; c'est pour cela que je me soucie fort peu de la visite des gabelous. Mais vous, c'est autre chose ; vous ne voudriez pas, j'en suis sûr, priver un malheureux de ses ressources. Fouillez donc là dedans, si bon vous semble.

La soumission du mendiant produisit tout l'effet qu'il en attendait ; sans passer de sa conviction dernière à une confiance exagérée, le jeune homme parut ajouter foi aux paroles de son interlocuteur ; il ne daigna pas en vérifier l'exactitude.

— Soit, dit-il ; mais les dangers de votre profession devraient vous rendre plus prudent dans vos paroles.

— Eh ! eh ! eh ! répondit le mendiant, les malheurs ont aigri mon caractère. C'est une chose bien triste, continua-t-il en cherchant à mettre des larmes dans sa voix, de ne jamais être sûr d'avoir le lendemain le pain et l'oignon quotidiens! Vous parliez de la charité tout à l'heure, mon bon monsieur; hélas! elle n'existe plus sur la terre; Dieu veuille que nous la retrouvions là-haut!

Comme pour démentir cette dernière phrase, Marius mit dans la main du malheureux tout ce qu'il avait d'argent sur lui. Madeleine brûlait du désir de s'associer à la charité de celui qu'elle aimait; mais elle fouilla en vain ses poches, elle était sortie sans argent.

— Mon brave homme, dit-elle, vous n'êtes pas encore dans un âge où vous deviez désespérer de trouver une condition meilleure que la vôtre; venez chez moi aussitôt que vous le pourrez; je verrai ce qu'il sera possible de faire pour vous, et, si vous n'acceptez pas mes propositions, au moins votre visite vous vaudra-t-elle une bonne aumône.

— J'irai, quand ce ne serait que pour vous remercier de ce bon secours que vous m'avez donné, ma belle demoiselle, dit le mendiant avec le ton hypocrite qui venait de lui réussir; mais, pour vous trouver, il faudrait savoir où vous demeurez.

— Rue Paradis, la maison Rioufle; tout le monde vous indiquera nos bureaux.

— Un négociant?

— Oui; mais Marseille est peut-être un peu loin

du lieu qui paraît vous servir de refuge ; venez à Montredon, où j'habite une maison de campagne ; vous la trouverez aisément, si vous retenez mon nom.

— Mademoiselle Riouffe, je n'aurai garde de l'oublier. Si vous le permettez, j'irai à votre bureau, reprit le mendiant avec vivacité, j'aime mieux cela.

Il se recoucha sur son lit de pierre, et les deux jeunes gens s'éloignèrent.

Lorsqu'ils furent à quelques pas, ils entendirent la voix du misérable qu'ils laissaient sur le cap, et qui, avec l'accent trivial et goguenard de ses premières paroles, leur criait :

— Amusez-vous bien en route, mes petits pichons !

Cette cynique plaisanterie, lancée au milieu du bruit majestueux que faisaient les vagues en caressant les rochers, avait quelque chose de sinistre qui glaça le cœur de Marius ; il pressa avec plus de force le bras de Madeleine, qu'il soutenait dans leur marche difficile à travers le chaos de blocs de toute forme au milieu duquel ils se trouvaient.

— Vous avez vraiment eu tort de donner votre adresse à cet homme, dit-il.

La jeune fille ne répondit pas ; elle subissait en ce moment une impression bien différente de celle qu'éprouvait son compagnon ; si affreuse que fût la solitude dans laquelle ils se trouvaient perdus, entre ces colosses de pierre dont les silhouettes grandioses leur dérobaient la moitié de la voûte étoilée et cette mer qui s'étendait à leur gauche comme une immense nappe brune que frangeaient quelques rides écumeuses, elle n'éprouvait d'autres émotions que celles de l'amour. Auprès de celui que son cœur avait choisi, elle se sentait aussi rassurée qui si elle se fût trouvée sur la Cannebière, et elle était fière de la force qu'elle puisait dans ce sentiment, joyeuse du calme de son âme.

Marius, au contraire, à mesure qu'ils s'écartaient davantage du seul être vivant qu'il y eût autour d'eux, se sentait de plus en plus troublé.

La première sensation qu'il éprouva fut celle de la peur.

Ils avaient à marcher à travers les rochers pendant cinq ou six cents pas avant d'arriver à la route qui, serpentant sur les flancs de la montagne, conduit des fabriques à la Madrague.

Le chemin qu'ils devaient suivre était non-seulement pénible, mais périlleux: l'humidité de la nuit avait rendu glissante la surface des rochers; un faux pas pouvait précipiter les deux voyageurs dans un abîme.

Marius y pensa et il frémit, non pour lui, mais pour elle.

En sautant d'une pointe sur une autre, le pied

manqua à la jeune fille ; elle resta suspendue au milieu de la crevasse qui les séparait et dans laquelle elle fût tombée si la main du pauvre jeune homme ne l'eût retenue. Marius sentit ses cheveux qui se dressaient sur sa tête et la respiration qui manquait à sa poitrine ; il l'enleva à bout de poignet avec une force musculaire centuplée par la terreur qu'il venait d'éprouver ; il la prit dans ses bras et il se mit à gravir les falaises, à grimper les collines, à franchir les ravins avec une ardeur indicible, une rapidité vertigineuse ; il l'emportait comme un loup sa proie arrachée à la bergerie ; comme une mère son enfant échappé du naufrage.

Madeleine ne songeait pas aux dangers que cette course folle leur créait à tous deux ; elle souriait en voyant celui qu'elle aimait, si hardi et si puissant tout à la fois.

Le succès de son audacieuse escalade calma un peu l'effervescence fiévreuse que la crainte avait inspirée au jeune homme.

Il commença à sentir un cœur palpiter à deux doigts de sa poitrine, et, ce cœur, c'était celui de Madeleine.

Les cheveux de la jeune fille, dénoués à moitié par la rapidité de leur ascension, caressèrent le visage du fils de Millette et l'enivrèrent de leurs effluves.

Son pouls s'accéléra, il battit plus violent et plus précipité.

Le sang afflua à son cerveau ; mille idées incohérentes traversèrent son esprit et y portèrent la confusion.

Dans un attendrissement subit, il était prêt à se jeter à genoux et à remercier Dieu qui lui avait envoyé un bonheur dont jamais il n'aurait osé se croire digne.

Puis ses sens s'enflammèrent à leur tour ; il était pris d'une irrésistible envie de joindre ses lèvres aux lèvres dont il aspirait déjà le souffle tiède et parfumé : la mort dût-elle suivre une telle félicité, la mort serait bénie.

Ensuite, par un revirement subit, il songeait que ce bonheur auprès duquel devait pâlir celui des élus, ne durerait sans doute qu'un instant ; que, dans quelques minutes, lorsque Madeleine pourrait se passer de ses services, ils redeviendraient étrangers l'un à l'autre. Alors à une poignante angoisse succédait une rage furieuse ; il regardait les montagnes et il voulait gravir jusqu'à leur cime, y cacher son trésor, et, dans une impénétrable retraite, défier le monde et ses préjugés.

Plusieurs fois déjà Madeleine, qui le sentait haleter, qui craignait que, dans les efforts multipliés qu'il faisait pour triompher des obstacles qu'il rencontrait à chaque pas, une chute ne lui devînt fatale, l'avait supplié de s'arrêter.

Le jeune homme ne paraissait pas l'entendre. Ils arrivèrent ainsi à la rampe de pierre qui formait le garde-fou de la route et la séparait du précipice ; d'un bond, le jeune homme passa par-dessus, ils se trouvèrent sur le chemin. A l'horizon, Madeleine voyait scintiller les lumières de la ville ; à ses pieds, celles de la Madrague et de Montredon.

Elle crut que Marius allait s'arrêter ; mais, au lieu de suivre la route, Marius la traversa et se lança sur le revers qui faisait face à la mer.

Sa respiration était devenue bruyante comme celle d'un soufflet de forge ; il pressait convulsivement la jeune fille contre sa poitrine ; celle-ci sentait les ongles de son compagnon qui entraient dans sa chair à travers ses vêtements.

Elle devina ce qui se passait en lui ; elle essaya de se dégager de cette étreinte ; mais il semblait qu'elle fût enlacée dans des liens de fer.

Quelle que fût sa tendresse pour celui dont elle avait rêvé de faire son mari, elle sentit un frisson courir le long de ses membres et son cœur se glacer d'épouvante.

— Grâce ! grâce, Marius ! s'écria-t-elle.

A cette voix, le jeune homme parut s'éveiller d'un songe ; il lâcha une touffe de sauge qu'il avait saisie pour s'aider dans son escalade, ses mains s'ouvrirent, et Madeleine, glissant à terre, s'élança sur la route. Son émotion était si forte, qu'elle fut forcée de s'asseoir.

Pendant quelques instants, ses sens flottèrent paralysés entre la vie et la mort, n'entendant rien, ne voyant rien, ne se rendant pas compte de ce qui se passait autour d'elle.

Lorsqu'elle reprit sentiment, elle chercha Marius, et ne le vit pas auprès d'elle.

Elle appela : rien ne lui répondit ; elle répéta le nom du jeune homme avec angoisse.

Elle crut entendre dans la montagne un bruit de soupirs et de sanglots ; elle y courut.

Alors, elle aperçut le jeune homme ; il était tombé à l'endroit où elle s'était échappée de ses bras et il restait là étendu sur le rocher, qu'il mouillait de ses larmes.

— Venez, lui dit-elle.

Marius ne fit pas un mouvement ; seulement, ses pleurs redoublèrent et prirent le caractère du spasme.

En ce moment, la lune se levait derrière les collines de Saint-Barnabé et éclairait les rochers dont les faces grisâtres, à mesure qu'ils étaient atteints par les rayons de l'astre des nuits, semblaient se couvrir d'une neige éclatante.

La mer était devenue un lac d'argent parsemé de

phosphorescentes étincelles, et le sourd murmure de ses vagues était le seul bruit que fît entendre la nature.

A cet imposant spectacle, le cœur de Madeleine, déjà ébranlé par la douleur du jeune homme, se fondit; sa frayeur et son courroux se dissipèrent comme se dissipe la brume aux feux du soleil du matin.

Elle se pencha vers Marius, et, à voix basse, comme si elle eût craint d'entendre elle-même les paroles qu'elle allait prononcer :

— Pourquoi pleurez-vous, lui dit-elle, puisque je vous aime!

XII

Où l'on verra comment M. Coumbes, en voulant attraper du poisson, attrapa un secret

La pêche dédommageait amplement M. Coumbes de ses tribulations horticoles.

Il semblait que le ciel l'eût destiné, Attila d'une nouvelle espèce, à dépeupler le golfe marseillais.

Pendant les beaux jours, chaque soir, il rentrait, comme il le disait lui-même dans son langage plus imaginé qu'académique, avec une *luxure* de poisson et ce sourire dédaigneux qui caractérise les conquérants heureux; chaque soir, il avait pu cuisiner des bouille-abaisses dignes par leur ampleur de figurer au dîner où la femme de Grandgousier mangea tant de tripes.

Malheureusement, plus on avançait vers l'hiver et plus ces débauches de sauces safranées devenaient rares, plus la mauvaise humeur de M. Coumbes augmentait.

Pendant des semaines entières, le ciel restait voilé de nuages sombres; la Méditerranée si azurée devenait couleur de cendres, et la blonde et douce Amphitrite, comme un géant révolté, semblait vouloir escalader le ciel, se tordant les bras dans les nuages et hurlant de cette voix menaçante qui porte l'effroi sur la côte.

Pendant des semaines entières, M. Coumbes allait de son cabanon à sa *bête* et de sa *bête* à son cabanon, interrogeant le ciel avec anxiété, se frottant les mains à la moindre accalmie, dégageant aussitôt son bateau de ses amarres, se préparant à le lancer dans les flots, reconnaissant presque aussitôt, au redoublement de la tempête, la fragilité de son espoir, contemplant mélancoliquement les montagnes d'eau qui trois par trois venaient briser leurs spirales énormes sur les rochers, calculant ce que leurs flancs pouvaient contenir de poisson et la distance qui séparait ce poisson de ses casseroles, et tout disposé à faire fouetter, comme Xercès, la mer qui se refusait à lui livrer la proie qu'il convoitait si ardemment.

Il avait bien essayé de se venger sur les *loups* et *mulets* qui, par les gros temps, se rapprochent des eaux douces ; il avait été, en suivant la côte, jeter la ligne à l'embouchure de l'Huveaume ; mais, comme un jour il s'était imprudemment avancé pour lancer plus au large son hameçon, une lame monstrueuse l'avait renversé, et sans un jeune militaire, adepte fanatique et enthousiaste, qui depuis deux heures était assis à ses côtés et prenait *in petto* une leçon de cet habile professeur, celui-ci, puni de la peine du talion, eût été entraîné et fût allé offrir aux habitants de la Méditerranée une vengeance tout à la fois facile et savoureuse à exercer.

Et puis, disons-le à sa gloire, le loup, le mulet étaient des gibiers que M. Coumbes dédaignait. Marseillais classique, il n'estimait que le poisson de roche, et ceux-là, accusés de conserver un goût de vase, ne lui semblaient pas plus que le *maquereau* dignes des honneurs de sa table.

Lorsque la mer se décidait à faire quelque concession de bon voisinage à M. Coumbes, lorsqu'elle s'humiliait à son égard, l'ex-portefaix se hâtait de gagner le large ; mais la houle restait si forte, qu'il suait sang et eau pour remuer sa *bête*. Ces sortes de bateaux à fond plat étant fort lourds, ce n'était qu'au prix d'une courbature qu'il parvenait à gagner son poste favori.

Un jour M. Coumbes eut une idée, et il attendit patiemment le dimanche, seul jour où il lui fût possible de la mettre à exécution.

Cette idée, ce n'était pas moins que de renoncer à goûter solitairement ses plaisirs, que d'embaucher Marius dans la grande confrérie des pêcheurs à la ligne.

Un jeune homme fort et vigoureux devait faire merveille sur les avirons. Avec son aide, M. Coumbes se promettait de braver vents et tempêtes, et se croyait certain de conquérir tout au moins une bouille-abaisse hebdomadaire tant que durerait le mauvais temps.

Le samedi soir, lorsque le fils de Millette arriva au cabanon, il paraissait si satisfait et si joyeux que M. Coumbes en fut surpris. L'idée ne lui vint pas d'attribuer le bonheur qui se lisait sur la physionomie de son filleul à autre chose que la proposition qui allait lui être présentée, et, comme M. Coumbes avait gardé un secret profond sur ses projets, il s'étonnait de la puissance des pressentiments qui avait éclairé Marius sur les bienheureux destins qui l'attendaient.

Après le souper, M. Coumbes se renversa sur sa chaise, les yeux à demi fermés, prenant l'attitude noble et bienveillante d'un ministre vis-à-vis de son protégé, et, d'une voix lente et solennelle, comme il convenait dans une aussi grande circonstance, il annonça à Marius que, le lendemain, il daignerait l'admettre à partager avec lui les délices de la palangrotte.

L'enthousiasme du jeune homme ne fut point à la hauteur de cet événement ; un observateur attentif eût remarqué que l'expression souriante de sa physionomie disparaissait à mesure que parlait l'ancien portefaix ; mais celui-ci avait une trop haute opinion de la faveur qu'il octroyait à son filleul, il était en même temps trop préoccupé de ses préparatifs personnels pour s'arrêter à un scrupuleux examen physionomique de son futur élève.

Seulement, Marius ayant manifesté l'intention de se promener dans le jardin après le repas du soir, M. Coumbes le lui défendit vertement, et, afin d'être certain que rien ne le distrairait de cette veille des armes, de le trouver frais et dispos lorsque l'heure du départ viendrait à sonner, il l'enferma dans sa chambre.

Bien avant le jour, M. Coumbes se jetait à bas de

son lit et allait réveiller le fils de Millette ; il l'appela plusieurs fois sans obtenir de réponse ; il mit la clef dans la serrure et ouvrit brusquement la porte en apostrophant le jeune homme de toutes les épithètes inventées pour la confusion des paresseux, rien ne lui répondit ; il souleva violemment la couverture sans rencontrer de résistance ; alors il tâta les matelats avec sa main et il s'aperçut que la place que devait occuper Marius était froide et vide.

L'excellente conduite du pupille de M. Coumbes, le respectueux attachement qu'il témoignait à celui qu'il considérait comme son bienfaiteur n'avaient jamais, nous l'avons vu, triomphé des répugnances que ce dernier nourrissait à son égard.

M. Coumbes pensa sur-le-champ à son argent ; son imagination prime-sautière, comme toutes les imaginations méridionales, tira de cette évasion nocturne de déplorables conclusions. Il fit un bond du côté de l'escalier pour courir au secours de son secrétaire, qu'il se représentait forcé, brisé, effondré, pantelant, avec ses sacs d'écus éventrés et deux mains se promenant amoureusement dans leurs flancs entr'ouverts et prenant un bain métallique.

Presque au même instant, M. Coumbes s'arrêta.

Il venait de réfléchir que chaque soir, — M. Coumbes était un homme rempli de précautions — il accotait le chevet de son lit au volet de ce meuble précieux et qu'il y avait quelques secondes à peine qu'il avait quitté la chambre.

Il venait d'entendre le bruit sec d'une toile qui battait au vent, et de s'apercevoir que la fenêtre d'où ce bruit venait était ouverte.

Il alla à cette fenêtre ; il y trouva un drap, qui attaché à l'appui par un de ses bouts, laissait l'autre balayer le sol.

Il était évident que l'escapade du jeune homme ne pouvait avoir eu qu'un but extérieur, puisque, chaque soir, portes et volets, au rez-de-chaussée, étaient soigneusement verrouillés par leur propriétaire.

Cette conviction rasséréna un peu M. Coumbes ; toutefois, il était trop ami de la régularité en toutes choses pour endurer patiemment la déplorable confusion que faisait son pupille entre les diverses ouvertures de son cabanon. Il était tout prêt à lâcher la bride à son indignation ; il avait déjà saisi un gros sarment pour rendre ce sentiment plus expressif, lorsque la curiosité l'arrêta net.

— Que diable peut faire Marius dans le jardin à quatre heures et demie du matin ?

Telle fut la phrase interjective et interrogative que s'adressa M. Coumbes ; les us et coutumes marseillais sont ainsi faits qu'aucune supposition, si naturelle qu'elle fût, ne pouvait légitimer cette sortie.

M. Coumbes fut donc immédiatement tenté de connaître les raisons graves qui avaient décidé cette promenade matinale; il se mit à genoux devant la fenêtre et, retenant son haleine, du regard il explora l'enclos.

D'abord, il ne vit rien; puis, ses yeux s'habituant à l'obscurité, il aperçut une ombre qui se glissait le long de la maison, traînant après elle une échelle qu'elle appuya contre le mur qui séparait le jardin Coumbes de la propriété de M. Rioufle.

Sans même prendre la peine d'assurer convenablement cette échelle, l'ombre en gravit lestement les barreaux.

M. Coumbes se demandait si le fils de Millette, plus heureux que lui-même, aurait par hasard découvert quelque fruit dans les arbres sur lesquels se promenait inutilement, hélas! depuis vingt ans, l'œil inquisitorial du maître.

Mais l'ombre, ou plutôt Marius, dépassa rapidement les régions soi-disant fructifères, et, parvenu au faîte du mur, il s'y établit à califourchon et fit entendre un léger coup de sifflet.

Il était évident que ce signal s'adressait à quelque habitant de la propriété voisine.

M. Coumbes éprouva ce que doit éprouver le voyageur qui, perdu dans les terribles solitudes des gorges d'Ollioules, entendait retentir de rochers en rochers le cri d'appel de Gaspard de Bresse. Ce coup de sifflet lui donna la chair de poule; une sueur froide perla sur son front.

Il n'avait nullement apprécié les bienfaits de la paix profonde dans laquelle ses anciens persécuteurs l'avaient laissé depuis près de six mois; ses désespoirs horticoles avaient alimenté la haine vigoureuse qu'il nourrissait contre eux; les conseils de Millette, les observations de Marius étaient venues se briser contre les idées que le dépit et l'envie lui mettaient en tête. En s'exagérant dans la solitude, ce dépit, cette envie lui avait fait franchir les limites de l'absurde : jamais il n'eût voulu admettre que ce fût pour l'agrément de ses propriétaires que le jardin Rioufe jetait tant de parfums aux brises de la mer; il était convaincu que ce luxe de verdure et de fleurs n'avait qu'un but, celui de l'humilier, de lui faire pièce, et, chaque jour, il s'attendait à pis.

En recevant cette preuve des relations de son filleul avec ses ennemis, en le supposant lié à eux par un pacte, associé aux mauvais desseins qu'il leur supposait, toujours prêt à livrer le côté faible de la place pour rendre plus aiguës les persécutions dont il se croyait encore menacé, M. Coumbes frémit de colère; dans le transport de sa fureur, sa première pensée fut de se servir contre le traître de son expérience des armes à feu; il abaissa le sarment qu'il tenait à la main et coucha en joue son filleul.

Heureusement pour M. Coumbes et pour Marius que le sarment ne partit pas. En cherchant d'un doigt tremblant une détente sur ce fusil imaginaire, il s'aperçut de l'étrange méprise que dans son égarement il venait de commettre; il lança le bâton avec violence sur le plancher et s'élança dans sa chambre à coucher.

M. Coumbes était tellement hors de lui-même, que, malgré la précision mathématique par laquelle chaque case de son cerveau correspondait avec la place qu'occupait dans son cabanon chacun des objets qui lui appartenaient, il allait et venait avec une agitation folle, furetant dans tous les coins de son étroite chambrette, mettant dans l'obscurité la main sur des meubles qui, pour avoir quelques titres à une ressemblance avec l'excellente arme que lui avait vendue Zaoué, ne pouvaient cependant, pas plus que le sarment, la remplacer.

Ce ne fut qu'après quelques instants de ce désordre dans ses idées qu'il se souvint que l'ayant nettoyée la veille, il l'avait, la veille, laissée au coin de l'âtre, ainsi que tout bon chasseur, en semblable circonstance, doit en avoir la précaution.

Il descendit au rez-de-chaussée en ayant soin d'étouffer le bruit de ses pas pour ne pas réveillé Milette, qui, depuis que l'automne était venu, dormait sur le divan de la seule pièce du cabanon dans laquelle on fît du feu.

M. Coumbes saisit son fusil avec l'ivresse du sauvage prisonnier qui voit en lui la liberté; il en fit claquer les batteries avec rage; mais, par la raison que ce fusil était propre, ce fusil était vide et il fallait le charger.

Et perdant de sa spontanéité, le mouvement qui portait M. Coumbes à cette extrémité, perdait naturellement de sa violence; cependant il était toujours décidé à donner ce qu'il appelait une leçon à ce mauvais drôle; mais nous croyons que déjà la pensée lui était venue de tirer soit un peu haut, soit un peu bas sur le but vivant qu'il allait prendre; ce qui, du reste, n'était peut-être pas une garantie pour celui-ci.

XIII

Où M. Coumbes rend des points à Machiavel

Si féroce chasseur que fût M. Coumbes, il n'avait pas eu le temps d'acquérir cette profonde expérience qui permet de remplacer les yeux par la main et de charger un fusil dans l'obscurité; il se mit en devoir d'allumer la lampe pour venir en aide à son manque d'habitude.

Il approcha une allumette de la mèche carbonisée dans la veilleuse; cette mèche se teignit de pourpre, puis s'enflamma; sa lumière douteuse et vacillante se promena sur les murailles en y traçant toutes sortes de dessins fantastiques et impossibles. Tout à coup, un jet subit de l'huile qui l'humectait la fit grandir, et elle illumina toute la pièce; M. Coumbes se précipita sur sa poire à poudre et sur son sac à plomb.

Dans le mouvement qu'il fit pour les prendre, ses yeux tombèrent sur Millette; la pauvre femme dormait paisiblement; une respiration cadencée agitait sa poitrine à intervalles égaux; sa physionomie était calme; un sourire passait sur ses lèvres; la vie persistait dans le sommeil. Elle rêvait probablement à celui dont son maître, en ce moment même, préparait la mort.

Ce rapprochement se fit immédiatement dans la cervelle de M. Coumbes, qui cependant n'en faisait guère; il le contrista; pour la première fois de sa vie, il se reprocha tout ce qu'il y avait eu de dévouement humble et profond, d'abnégation et de tendresse dans la vie de sa servante; pour la première fois, il s'aperçut qu'elle était noble et grande, qu'il était petit et mesquin; son fusil s'échappa de ses doigts et tomba à grand bruit sur le carreau; mais, si l'impression avait été inattendue, la réaction fut soudaine; la conviction qui venait de lui être donnée de ses torts quintupla la colère primitive de M. Coumbes. Il ne releva pas son fusil, mais il tira pêne et verrous, et, désarticulant un balai qui se trouva à sa portée, il en saisit le manche et s'élança au dehors, très-décidé à s'en servir pour ce à quoi Dieu l'avait destiné.

Il courut au mur; à sa grande surprise, il n'y trouva plus l'échelle. Il revint à la maison; le drap accusateur était rentré dans sa coquille, et cette coquille c'est-à-dire la fenêtre du fils de Millette, parfaitement close, avait pris les apparences honnêtes et pudibondes des fenêtres ses voisines.

M. Coumbes commença un rugissement de fureur. Il ne l'acheva pas.

Il venait d'entendre dans le jardin voisin, un *hum! hum!* qui avait bien l'air d'être une réponse au sifflement que Marius avait lancé comme signal; et ce *hum! hum!* appartenait évidemment à une voix féminine.

M. Coumbes comprima son cœur, qui battait à lui briser la poitrine, et, essayant de donner à son organe un accent juvénile, il répondit à l'appel qui venait du jardin voisin, plus curieux que jamais d'approfondir ce mystère.

Il n'avait pas achevé, que quelque chose d'assez lourd envoyé par-dessus le mur mitoyen tombait à ses pieds. C'était une pierre qui enveloppait un papier soigneusement plié et que l'ex-portefaix confisqua provisoirement; — quoi qu'il arrivât, il avait en poche le secret du jeune homme. — Cependant, il ne fallait pas laisser échapper l'occasion de l'approfondir davantage. M. Coumbes toussa derechef, sans succès cette fois ; il entendit le sable qui craquait sous un pied furtif; la correspondante anonyme s'éloignait.

M. Coumbes, sans répondre à Millette, que la chute du fusil avait réveillée et qui ne savait que penser du bouleversement de la physionomie de son maître, prit la lampe et monta dans sa chambre.

Voici ce que contenait le papier qu'il avait ramassé :

« Triste nouvelle, ami ! j'ai le cœur bien gros en vous la donnant ; mon cœur se révolte contre ma plume qui va l'écrire. Ce dimanche dont nous nous faisions fêtes, il sera pour moi, pour vous, aussi long, que sont vides et longs les jours de semaine qui séparent nos pauvres entrevues ! J'espérais échapper à l'obligation de figurer dans le dîner de famille dont je vous ai parlé ; mais cela m'a été impossible : mon frère, avec d'autres intentions que les miennes sans doute, avait pris exactement la même résolution que moi : celle de ne pas paraître à cette ennuyeuse fête ; j'ai prié, pleuré, supplié ; — je vous le dis pour que vous en soyez orgueilleux, ami ; — rien n'a pu vaincre son obstination. Nos projets nous commandent si fort de le ménager, que vous ne m'en voudrez pas trop d'avoir cédé ; d'ailleurs, ma soumission est de bon augure pour notre ménage futur. Courage donc, ami ! et réunissons tous nos vœux pour que Dieu abrége non-seulement les heures qui nous tiennent éloignés l'un de l'autre, mais celles que nous avons à voir s'écouler avant le jour où nous pourrons mutuellement tenir le serment que nous nous sommes donné dans les collines. Adieu, ami! je vous serre les mains; je pense trop à vous pour avoir besoin de vous dire : Pensez à moi. »

Cette lettre était signée tout au long: « Madeleine Riouffe. »

La jeune femme, dans la candeur de son amour, dans l'énergie de sa résolution, était heureuse de donner à ce papier une valeur de lettre de change.

M. Coumbes pensait rêver; il tournait, il retournait dans tous les sens l'épître de Mlle Riouffe, comme si elle eût eu quelque sens caché qu'il n'était point encore parvenu à traduire. Il assaisonnait chacun de ses gestes d'imprécations tour à tour méprisantes ou furibondes : le mépris à l'adresse de l'impudence des femmes, la fureur à propos de l'ingratitude des hommes.

Il aperçut un post-scriptum que la finesse de l'écritude lui avait fait négliger.

« Surtout pas d'imprudence, ajoutait Mlle Madeleine à sa lettre ; ne vous montrez pas même à la porte de nos mutuelles frontière avant que j'aie préparé Jean à mes volontés; gardez-vous d'aller poétiser demain, en mon absence, dans notre cher bosquet ; car, selon toute apparence, votre futur beau-frère passera journée et soirée au chalet. »

Pour le coup, il n'y avait plus moyen de prendre le langage de Mlle Madeleine pour du malgache. M. Coumbes ne savait s'il devait rire ou pleurer.

En réalité, il subissait ces deux impressions.

Comme tous les égoïstes, M. Coumbes ne comprenait pas que quoi que ce fût en ce monde pût balancer le bonheur que l'on devait éprouver en faisant ce qui pouvait lui être agréable. Il ne songea pas aux avantages qui pourraient résulter pour Marius d'une union si fort au-dessus de ses espérances ; toute sa préoccupation s'était portée sur ce qu'il appelait la défection de son filleul ; elle lui semblait honteuse et criminelle au premier chef, nul châtiment ne pouvait être trop rigoureux pour la punir. Il éprouvait, en y réfléchissant, tout à la fois des attendrissement pleins d'amertume et un courroux gros de mépris.

D'un autre côté, avec le profond sentiment de la hiérarchie sociale qui le possédait, l'union du fils de Pierre Manas, le condamné, avec une demoiselle appartenant à l'aristocratie commerciale de Marseille, lui paraissait quelque chose de prodigieusement bouffon ! Ce beau projet était écrit en toutes lettres ;

mais il n'y pouvait croire ; il s'attendait à voir un diable grotesque sortir du papier, comme il en sort quelquefois d'une tabatière.

— Ah! ah! ah! c'est trop drôle! s'écriait M. Coumbes : le fils de ce mauvais gueux de Manas et de Millette, ma servante, — car, après tout, elle n'est que ma servante, — qui croit et prétend épouser une dame à laquelle, quand j'avais son âge, je n'eusse pas osé offrir l'eau bénite au bout de mon doigt ! Eh ! pécaïre ! c'est comme si le maire de Cassis il voulait gouverner Marseille ! Elle se fiche de lui comme un thon d'un fantassin !

Puis, passant à un autre ordre d'idées :

— Le méchant drôle ! ajoutait-il, je comprends pourquoi il voulait mettre des sourdines à mon ressentiment contre cet autre qui m'a fait passer de si mauvaises nuits, pourquoi il se refusait à ce que je le tue, ainsi qu'il l'avait mérité ; il avait déjà jeté son hameçon à cette fille, et celle-ci, gloutonne comme une rascasse, avait sauté hors de l'eau pour attraper le *moredu*. Quelle jeune personne, mon Dieu ! Pas plus de religion que de bon sens ; ne dirait-on pas que cette lettre a été écrite par une de la place de la Comédie ? Pouah ! Je ne suis plus jeune, mais, je le jure, ce n'est pas moi qui voudrais d'une fille aussi éhontée. Ce n'est peut-être pas la femme qui le tente, c'est son cabanon qui le séduit ; il veut être riche, faire le fier dans ce beau jardin où il y a tant de fleurs, que cela en empeste comme la rage, se moquer à son tour de la pauvre petite bastide dans laquelle ma charité l'éleva. Tron de l'air ! cela ne sera pas, que je le dis ! D'abord, c'est lui rendre service que d'empêcher qu'il croie plus longtemps à cette sottise ; je ne la lui donnerai pas, cette lettre ; il ira au rendez-vous dans le bosquet, ils se rencontreront avec le frère ; et, coquin de sort ! qu'ils se battent, qu'ils se bûchent, qu'ils se cognent, qu'ils s'assomment, qu'ils se tuent ! Eh ! s'il n'y a pas de profit, au moins il n'y aura pas de perte !

Après ce vœu charitable, M. Coumbes serra la lettre avec ses papiers et appela Marius.

Il ne parut pas remarquer un assez grand embarras qu'accusait la physionomie du jeune homme ; arrivé tout à coup aux hauteurs où planait Machiavel, M. Coumbes se montra d'une dissimulation parfaite : il fut empressé, cordial envers le fils de Millette, se montra gai, léger même dans ses propos, et fit si bien que Marius, qui tremblait que son sévère parrain n'eût surpris la tentative qu'il avait faite le matin pour avertir Madeleine du contre-temps qui l'éloignait pendant la journée, se trouva tout à fait rassuré et lança et retira sa *palangrotte* sans apporter trop de distractions dans son travail.

Seulement, M. Coumbes fit en sorte qu'ils ne rentrassent au cabanon que lorsque la journée était déjà fort avancée.

XIV

Le mendiant

La pêche n'est un plaisir qu'à la condition d'être une passion ; cependant, comme tout ici-bas, elle a ses entraînements. Marius, si peu disposé qu'il fût à les éprouver, les avait subis.

Les poissons avaient livré aux deux hameçons qui garnissaient sa ligne des assauts si multipliés, que, tout entier à l'occupation de les décrocher, de les hâler et de remettre à l'eau les trente ou quarante brasses de cordelette qui forment ce que l'on appelle une *palangrotte*, il n'avait point songé à Madeleine avec autant de persistance qu'il s'était mentalement promis de le faire.

Mais, pendant le trajet des îles de Riou à Montredon, ce fut tout autre chose, et cela par bien des raisons différentes.

L'âme du jeune homme éprouvait un remords véritable en reconnaissant que son amour, si violent qu'il l'eût cru, s'était laissé primer par une futile distraction ; il comparait les grossières jouissances auxquelles il avait cédé aux joies ineffables que lui eussent procurées quelques secondes d'entretien avec Madeleine, au bonheur de l'entrevoir furtivement derrière ses jalousies, et il rougissait, et il était sur le point de succomber à la tentation de jeter à la mer lignes et poissons, les complices ou les provocateurs de sa faute.

Il ressentait, en outre, une appréhension qui se traduisait par une angoisse douloureuse.

Lorsque Mlle Riouffe, dans les solitudes du promontoire, lui eut avoué qu'elle l'aimait, les deux jeunes gens immédiatement, et comme conséquence de leur inclination mutuelle, avaient, en rentrant à Montredon, échafaudé leurs projets d'avenir. L'affection que Madeleine portait à son ami était si pure, que, ces promesses étant établies, elle trouva tout naturel de permettre à Marius de franchir le mur qui séparait les deux jardins pour venir auprès d'elle. Le dimanche précédent, à l'heure où tout dormait dans le cabanon de M. Coumbes, le fils de Millette s'était introduit chez la voisine, et il avait passé de bien doux instants à ses pieds, lui répétant ces charmants serments d'amour, aussi délicieux à prononcer qu'à entendre. Pendant toute la semaine, il avait vécu sur l'espérance que le dimanche qui allait venir ressemblerait au dimanche précédent, et, comme, le matin, la brusque irruption de M. Coumbes dans le jardin l'avait empêché d'avertir Madeleine de son absence, il tremblait qu'elle n'attribuât cette absence à une indifférence si éloignée des sentiments qu'il ressentait pour elle ; il redoutait de voir s'évanouir les beaux rêves qu'il avait, pendant huit jours, si tendrement caressés.

Le soleil baissait à l'horizon : déjà il teignait de pourpre et d'or les cimes de Pomègue et les blanches murailles du château d'If ; la journée touchait à sa fin, et, subissant les impressions que nous venons de décrire, le jeune homme se courbait sur les avirons pour faire franchir à la lourde barque la distance qui la séparait encore du logis.

M. Coumbes considérait d'un œil narquois les efforts de son filleul, et, sous le spécieux prétexte que la saveur de la bouille-abaisse croît en raison directe de la fraîcheur du poisson, il l'exhortait à les redoubler ; ce qui ne l'empêcha pas, lorsqu'ils eurent pris terre et quand Marius déjà s'élançait pour regagner le cabanon, de le retenir afin de compléter, par la pratique, la théorie d'un art que, depuis le matin, il ne cessait de lui exposer, afin de lui démontrer que ce n'était rien de savoir prendre du poisson, si à ce premier talent on ne joignait celui de soigner les outils qui servent à l'attraper.

Force fut donc au pauvre garçon d'aider l'ex-portefaix à tirer la barque sur la grève assez loin pour qu'elle fût à l'abri d'un coup de mer, de la vider, de la nettoyer, puis enfin de l'assujettir par des amarres multipliées; et encore M. Coumbes prit-il à tâche d'apporter dans ces détails préservateurs et conservateurs une lenteur solennelle qui doublait l'impatience qu'éprouvait son filleul.

Enfin, lorsque le bonhomme eut chargé l'apprenti pêcheur des divers paniers qui contenaient les ustensiles et le poisson, lorsque à ce fardeau déjà raisonnable il eut ajouté les avirons, les crocs, le grappin et le gouvernail du bateau, il lui permit de s'acheminer vers le cabanon.

Le premier soin de Marius, en y arrivant, fut de monter à sa chambre afin de jeter un coup d'œil dans la propriété de sa bien-aimée.

— Hélas! en vain il la fouilla du regard dans toute son étendue, en vain il scruta les massifs, qui, par cet heureux privilége du climat, conservaient, malgré la saison, leur mystérieuse épaisseur; celle qu'il cherchait ne lisait pas à l'abri de leur dôme de verdure, elle ne suivait pas les étroites allées que tant de fois il l'avait vue parcourir lorsqu'elle se promenait rêveuse et qu'il était si loin de soupçonner qu'il pût être pour quelque chose dans ses rêveries ; le jardin était désert; le fusain, les lauriers du bosquet où tant de doux propos s'étaient échangés, avaient pris, il le lui sembla, des attitudes mornes et désolées ; il n'était pas jusqu'au chalet lui-même, avec ses volets rigoureusement fermés, qui ne lui parût avoir acquis depuis la veille une physionomie funèbre.

Le cœur de Marius se serra ; il vit ses pressentiments justifiés. C'était là l'image de la désolation dont le cœur de celle qu'il aimait était le théâtre, et cette désolation, c'était cette maudite absence qui l'avait causée. Il appela de tous ses désirs les ombres bienveillantes qui, en masquant son escalade, lui permettraient d'aller se justifier auprès de Madeleine; les heures qui devaient s'écouler jusqu'au moment où elles envelopperaient les deux cabanons lui semblèrent devoir être d'une longueur désespérante.

M. Coumbes, en revanche, fut gai; il assaisonna le dîner de mille plaisanteries qui faisaient ouvrir de grands yeux à Millette; aux sourcils froncés de son filleul, à la persistance de son mutisme, au désespoir peint sur sa physionomie, le maître du cabanon avait jugé qu'il était suffisamment monté pour ne pas manquer de rendre sa visite au jardin de Mlle Riouffe; il se frottait joyeusement les mains en songeant au coup de théâtre qu'il avait si habilement ménagé, à l'humiliation que les révélations qui en seraient la conséquence feraient subir à son ennemi M. Jean, à la bonne leçon que recevrait, par suite, la présomption de Marius !

Pour laisser le champ libre à ce dernier, à l'issue du repas, M. Coumbes annonça que, la soirée étant belle, il en profiterait pour reprendre la mer et placer des filets sur la côte.

Le jeune homme tremblait que son parrain n'eût l'idée de l'associer pour la seconde fois à ses projets; mais M. Coumbes, paraissant pris d'une superbe tendresse pour Millette, annonça à celle-ci qu'il n'aurait pas la cruauté de la priver de nouveau de la compagnie de son cher enfant.

Aussitôt qu'il se fut éloigné, Marius remonta à son observatoire; ses investigations n'eurent pas plus de succès que les premières; cependant il reconnut que, depuis sa précédente visite, les fenêtres du rez-de-chaussée du chalet avaient été ouvertes; il en conclut que Madeleine, indignée de sa froideur, ou malade peut-être, se tenait renfermée dans ses appartements; ces deux suppositions confirmaient sa résolution d'aller la trouver, dût-il, pour arriver jusqu'à elle, pénétrer dans la maison, et cela aussitôt que la nuit serait venue. En attendant, il revint auprès de sa mère, qui se promenait dans le jardin.

Nous avons dit précédemment quelles étaient les préoccupations de Millette; elles redoublaient à mesure que l'on approchait du moment fatal ; vingt fois elle avait été tentée de raconter à son fils la triste histoire de sa vie, toujours le courage lui avait manqué au moment de parler. Si bien qu'au fond, Marius continuait de se croire le fils de M. Coumbes.

L'occasion de délivrer son âme de l'anxiété qui l'oppressait depuis plusieurs mois, se présentait trop favorablement pour que Millette ne songeât pas une fois de plus à faire à son fils cette douloureuse confidence.

Elle suivait ce que M. Coumbes appelait pompeusement l'avenue et ce qui n'était, en réalité, qu'une médiocre allée traversant le clos dans toute sa longueur et aboutissant à la rue ; elle scrutait sa conscience, elle cherchait ce qui pouvait servir d'excuse à une faute dont, à présent, elle appréciait les funestes conséquences ; elle se demandait ce qu'elle pourrait répondre à son fils si celui-ci lui reprochait de n'avoir pas su conserver son honneur, le seul bien qu'il eût à attendre d'elle.

A l'extrémité de l'avenue, puisqu'il faut l'appeler par son nom, M. Coumbes avait planté quelques douzaines de pins qui, malgré l'acharnement qu'ils mettaient à vivre, n'étaient jamais parvenus à élever ce qu'il faut bien aussi désigner par le mot de cimes, à la hauteur du mur qui les entourait. Il va sans dire que le propriétaire du cabanon nommait sa *pinède* ce fagot d'arbustes tordus et rabougris, ni plus ni moins que si elle eût eu cent arpents.

L'ex-portefaix n'avait pu posséder un semblant d'ombrage sans penser à en tirer tout le parti possible. Il avait donc établi un banc dans cette *pinède*, et la tâche n'était pas facile, les pins les plus élevés représentant exactement un parapluie dont le manche aurait été fiché en terre. Cependant, en courbant raisonnablement sa tête, en recroquevillant ses jambes, on pouvait s'asseoir sur le banc de M. Coumbes. La position n'était pas des plus commodes; mais, comme, en somme, à l'exception des alentours du figuier que M. Coumbes se réservait, c'était là le seul endroit où l'on connût un semblant d'ombre; comme, de ce banc placé à deux pas de la grille, on voyait les rares passants qui traversaient la route, Millette, que son maître n'avait point gâtée sur le chapitre des distractions, avait pris l'habitude de venir chaque jour y raccommoder le linge du ménage.

Millette venait de s'asseoir toute pensive à sa place favorite lorsque Marius la rejoignit; en le voyant venir, elle sentit ses angoisses redoubler; deux larmes perlèrent à ses cils, puis descendirent lentement le long de ses joues, que la douleur rendait plus pâles: elle prit les mains de son fils; suffoquée par l'émotion, elle ne put parler, mais elle lui fit signe de se placer auprès d'elle.

Sous l'impression de tristesse qui dominait le jeune homme, l'affliction de sa mère lui fut plus sensible encore qu'elle ne l'eût été dans des circonstances ordinaires ; il la supplia de lui confier le secret de ses peines.

Pour toute réponse, Millette se jeta au cou de son fils et l'embrassa avec une énergie tout à la fois désespérée et suppliante.

Marius redoubla ses instances.

— Qu'avez-vous, mère ? disait-il. Mon cœur se fend en vous voyant ainsi. Mon Dieu, parlez ! qu'avez-vous ? Si j'ai mérité quelque reproche, pourquoi craignez-vous de me l'adresser ? Vous m'avez appris à être soumis envers ceux que l'on aime, et douter que je vous aime, c'est m'affliger plus que ne m'affligeraient vos justes remontrances. Quelqu'un vous a-t-il offensée, mère ? Oh ! nommez celui-là et vous me trouverez prêt à vous défendre, à le punir, comme je l'ai été lorsqu'il s'agissait de mon... de notre bienfaiteur. Voyons, mère, ne pleurez pas comme vous le faites ; vos sanglots m'arrachent l'âme ! j'aimerais mieux voir couler mon sang goutte à goutte que ces larmes qui sortent de vos yeux ! Vous n'aimez donc plus votre enfant, que vous ne le jugez pas digne de votre confiance ? Est-ce que l'on peut cacher quelque chose à ceux que l'on aime ? Est-ce que, joie ou peine, on ne doit pas tout partager avec eux ? Tenez, mère, moi aussi, j'ai mon secret, et vous ne sauriez croire combien il me pèse parce que je ne puis le partager avec vous. Mais il arrivera ce qui pourra, je vais vous le dire, vous le confier, pour vous donner l'exemple, pour que vous ne craigniez plus de compter sur la discrétion ou sur la tendresse de votre fils.

Millette écoutait ce dernier sans l'entendre; l'expression de son amour filial arrivait à ses oreilles comme une musique harmonieuse qui lui causait de douces sensations; mais le désordre de ses idées était si grand, qu'elle ne cherchait pas le sens de ses paroles.

— Mon enfant! mon cher enfant! s'écria-t-elle, jure-moi que, quoi qu'il arrive, tu ne maudiras pas ta mère; jure-moi que, si tu la juges, si tu la condamnes, ton amour la défendra; jure-moi qu'il me restera cet amour, qui est mon seul bien à moi; je ne l'ai jamais senti comme aujourd'hui qu'il est menacé. Je voudrais être morte! mon Dieu! je voudrais être morte! Mourir, qu'est-ce que cela! mais perdre l'affection de celui que vos entrailles ont porté, qui s'est nourri de votre chair, abreuvé de votre sang, ce n'est pas possible! Non, Dieu ne saurait le permettre!... Calme-toi, Marius, je vais parler, continua la malheureuse femme, haletante et à demi morte; je parlerai; puisqu'il est impossible que tu cesses de m'aimer, je parlerai!

— Oh ! faites, dites, mère ! répondit le jeune homme, aussi pâle, aussi égaré que l'était sa mère. Qu'est-il arrivé, grand Dieu ! que vous puissiez supposer que je cesse de vous vénérer comme la plus respectable des femmes, de vous chérir comme la plus tendre des mères ? Vous me faites frémir à mon tour ; hâtez-vous de me tirer de ces angoisses. De quelque faute que vous soyez coupable, n'êtes-vous pas ma mère, et une mère n'est-elle pas, pour son fils, infaillible comme Dieu l'est pour les hommes ? Mais non, vous qui m'avez enseigné les lois de la probité, vous qui m'avez appris à respecter l'honneur, vous êtes incapable d'avoir manqué à l'un ou à l'autre. La délicatesse de votre conscience vous égare : parlez donc, que je vous console ; parlez, que je vous rassure ; parlez, parlez, mère, je vous en conjure !

Millette avait trop présumé de ses forces ; les sanglots étouffaient sa voix ; elle ne put que se jeter aux genoux de son fils : le mot de pardon fut le seul qu'elle put articuler.

En voyant sa mère à ses pieds, Marius se redressa brusquement ; il la prit dans ses bras pour la relever.

Il tournait le dos à la porte du jardin, à laquelle Millette faisait face.

Tout à coup, les yeux de celle-ci s'ouvrinret démesurément et restèrent fixes et hagards, tournés du côté de la rue ; elle étendit le bras comme pour chasser une épouvantable vision, et, en même temps, elle poussa un cri terrible.

Marius, épouvanté, se retourna, et, en se retournant, ses vêtements frôlèrent les vêtements d'un homme qui, ayant doucement ouvert la grille, avait passé la moitié de son corps dans l'entre-bâillement.

Dans cet homme, il reconnut le mendiant que Madeleine et lui avaient préservé d'une mort certaine sur les collines ; il tenait son chapeau à la main ; sa figure avait l'expression d'humilité grimaçante de sa profession, et il murmurait une formule banale de mendicité.

Marius crut que la brusquerie avec laquelle il avait montré son horrible figure avait seule effrayé sa mère.

— Allez-vous-en ! lui dit-il brusquement.

Mais, à son tour, le mendiant l'avait reconnu ; la première preuve que lui avait donnée le jeune homme de sa charité semblait lui avoir rendu non-seulement confiance en sa charité à venir, mais encore une superbe dose d'aplomb pour la solliciter. Il remit son chapeau sur sa tête, et sa figure, qu'il essayait de rendre béate, se nuança d'un léger vernis d'insolence.

— Eh! tron de l'air! s'écria-t-il, deux vieilles connaissances ne se quittent pas de la sorte!

— Ah! mon Dieu, mon Dieu, vous êtes sans pitié dans votre justice, disait Millette en se tordant les bras de désespoir.

— Partiras-tu d'ici, misérable? hurla Marius en secouant violemment le mendiant, qu'il avait saisi par le collet de sa blouse.

— Prenez donc garde! Je n'ai pas, comme vous, des vêtements de rechange. Si je tiens à ne pas m'en aller, c'est que je n'aime pas qu'on se fiche de moi; voilà tout.

— Que voulez-vous? Voyons! reprit Marius, qui espérait de la sorte être plus promptement débarrassé de l'importune présence du mendiant. De quoi vous plaignez-vous?

— Je me plains de ce que la belle demoiselle avec laquelle vous preniez le frais, il y a une quinzaine, du côté de la pointe, elle s'est moquée de moi comme un gabier d'un soldat de terre; je me suis présenté à sa demeure, ainsi qu'elle m'avait ordonné de le faire, et, lorsque j'ouvre la porte de son bureau, — un riche bureau, ma foi, et qui me prouve que vous n'avez pas tort de chérir la promenade avec sa propriétaire, — je trouve des commis qui me chassent comme un gueux qui aurait des vrilles et des pinces dans les yeux ! Ce n'est pas comme ça qu'on se comporte !

— Tenez, dit Marius en prenant dans sa poche une pièce de monnaie. Et, maintenant, retirez-vous.

— Les paroles de la demoiselle, elles étaient plus grosses de moitié que votre médaille, répondit le mendiant en tournant et retournant dédaigneusement cette aumône entre ses doigts.

— Misérable ! fit Marius en levant le poing.

— Eh ! qu'avez-vous, puisque je vous dis merci tout de même, repartit le mendiant avec son effronterie habituelle. Vous êtes plus aimable quand vous faites l'amour avec la jeune que lorsque vous vous disputez avec une vieille ; c'est tout simple. Ne croyez pas que je vous en veuille, et la preuve, c'est que, si, comme je le pense, pour épouser la petite, vous êtes forcé de donner son sac à l'ancienne, comme vous commenciez à le faire quand je suis arrivé, je m'offre à achever le compliment si cela vous ennuie par trop fort.

— Et, moi, je vais châtier ton insolence ! dit Marius en se précipitant sur le mendiant.

Au bruit de la lutte, Millette, qui jusqu'alors était restée comme inanimée, accroupie sur la terre, cachant son visage entre ses mains, ne révélant son existence que par le bruit de ses pleurs et les tressaillements nerveux qui agitaient ses membres,

Millette sortit de l'anéantissement dans lequel elle était plongée.

— Marius! Marius! s'écria-t-elle, au nom de Dieu, ne porte pas la main sur cet homme. Mon fils, je t'en prie, je t'en conjure, je te l'ordonne! Cet homme, Marius, cet homme est sacré pour toi.

Cette dernière phrase ne s'échappa qu'inarticulée de la gorge de la pauvre femme; en l'achevant, ses forces l'abandonnèrent, ses bras suppliants, qu'elle tendait vers son enfant, retombèrent le long de ses flancs; un nuage passa sur ses yeux; elle perdit connaissance, se renversa en arrière et tomba sur le sable.

Les champions n'avaient pu l'entendre; dès les premiers moments, le jeune homme, plus vigoureux que son adversaire, avait poussé celui-ci hors de l'enceinte. Ils étaient tombés tous deux dans la poussière de la route.

Lorsque Marius put se débarrasser des bras du mendiant, qui essayait de le faire rouler sous lui, il rentra dans le jardin et aperçut sa mère évanouie.

Il la prit entre ses bras et l'emporta dans le cabanon.

Mais il avait négligé de fermer la porte, et il n'eut pas plus tôt tourné le dos, que le mendiant l'ouvrit sans bruit et se glissa dans la *pinède*, dont le feuillage, grâce à l'obscurité qui commençait à envelopper la terre, pouvait lui former un abri suffisant et l'empêcher d'être aperçu soit du chalet de Madeleine, soit du cabanon de M. Coumbes.

XV

Les aveux

Lorsque Marius regagna le cabanon, emportant entre ses bras sa mère évanouie, M. Coumbes n'était point encore revenu.

Il la déposa sur le large divan qui lui servait de lit et chercha à lui faire reprendre ses sens.

Après quelques minutes, Millette ouvrit les yeux ; mais sa première pensée ne fut pas pour son fils ; ses membres tremblaient convulsivement, ses dents s'entre-choquaient, ses regards chargés de terreur se promenaient sur toutes les parties de l'appartement. Ils y cherchaient quelqu'un, et, en même temps, la pauvre femme frémissait de la crainte de l'apercevoir.

Certaine que Marius était seul, elle passa sa main

sur son front comme pour rappeler ses souvenirs; et, lorsqu'ils se représentèrent plus clairs et plus lucides à son cerveau, ses larmes s'ouvrirent une nouvelle issue et ses sanglots redoublèrent.

— Vous me désespérez, mère! s'écria Marius. Il me semble que tout ce qui se passe est un rêve. Je cherche en vain, je ne puis trouver ce qui porte à ce point le désordre dans vos esprits.

— La main de Dieu! la main de Dieu! répétait Millette, comme si elle se parlait à elle-même.

— Rappelez votre raison, ma mère, je vous en conjure! Calmez-vous.

— La main de Dieu! disait encore la pauvre femme.

— Vous voulez donc que je devienne fou à mon tour? fit le jeune homme en s'arrachant les cheveux. Éclaircissez pour moi ce mystère. Pourquoi trembler, mère bien-aimée? Quelle est cette faute dont vous me parliez tout à l'heure? Quelle qu'elle soit, j'en supporterai avec vous le fardeau; s'il y a opprobre, nous le partagerons ensemble et je ne vous bénirai pas moins. Dites, mère, pourquoi étiez-vous à mes genoux, lorsque ce misérable est venu nous interrompre?

Cette évocation du souvenir du mendiant redoubla les angoisses de Millette; elle joignit les mains et les leva vers le ciel avec une expression de désespoir indicible.

— Pourquoi l'avez-vous permis, mon Dieu ? pourquoi l'avez-vous permis ? s'écria-t-elle ; et toi, mon pauvre enfant, qu'as-tu fait !

— De quoi vous préoccupez-vous, ma mère ? J'ai chassé un insolent drôle qui, pour prix d'un service que je lui avais rendu, n'a pas craint de vous insulter, voilà tout. Voyons, nous n'avons déjà que trop peu de temps à nous. Le père peut rentrer d'un instant à l'autre. Hâtez-vous, mère, que je vous console ; hâtez-vous, que je souffre avec vous ; qu'est-il arrivé ? Parlez.

— Ah ! tu ignores ce qu'il en coûte à une mère d'avoir à rougir devant son enfant. Mais cet homme de tout à l'heure, ce malheureux, dis-moi, qu'est-il devenu ?

— Eh ! que vous importe ? C'est de vous et non de lui qu'il s'agit, ma mère.

Millette ne répondit pas ; elle cacha son visage entre ses genoux.

Ce silence de la pauvre Millette augmenta l'anxiété du jeune homme en doublant ses incertitudes. Il n'avait exagéré ni le respect ni la tendresse qu'il ressentait pour celle dont il avait reçu le jour. Plus grave, plus réfléchi qu'on ne l'est ordinairement à son âge, il avait pu apprécier la grandeur de cette vie si modeste et si humble; il l'avait admirée comme il l'avait imitée dans la résignation stoïque avec laquelle elle se pliait à l'humeur capricieuse de celui qu'il croyait son père, dans la douceur angélique avec laquelle elle supportait les boutades de ce dernier. Millette était pour son fils une sainte digne de la vénération de toute la terre; il ne pouvait imaginer quelle action pouvait troubler à ce point cette âme jusque-là si calme et si pure.

Mais, devant ce mutisme, lorsqu'il parla du mendiant, lorsqu'il se rappela l'impression violente que l'apparition de celui-ci avait produite sur sa mère, il lui revint en mémoire quelques paroles qui, au milieu de la lutte, étaient parvenues à ses oreilles, et il commença à penser que cet homme pourrait bien être pour quelque chose dans les malheurs qui accablaient Millette, et, par une sorte de pudeur instinctive, il n'essaya plus de l'interroger.

Il s'assit sur le bord du divan, il prit la main de sa mère entre ses mains, et ils demeurèrent, pendant quelques instants, muets tous deux; tous deux immobiles.

Ce fut la pauvre femme qui rompit la première ce silence, qui finissait par lui peser plus encore qu'à Marius.

— Ce n'est donc pas la première fois que tu rencontres cet homme? dit Millette d'une voix tremblante.

— Non, mère; une fois déjà, je l'avais trouvé sur les collines.

Alors Marius raconta à sa mère ce qu'il avait fait pour le mendiant, en lui taisant la part que Mlle Riouffe avait prise à cet acte de charité, et la présence de celle-ci sur le promontoire.

— Pauvre malheureux! murmura Millette lorsqu'il eut fini.

— Est-ce que vous le connaissez, ma mère? fit Marius en frissonnant.

La femme de Pierre Manas hésita un instant; elle rassembla tout son courage, mais elle n'en trouva point assez dans son âme pour triompher de l'horreur que lui causait cet aveu; elle hocha négativement la tête.

Marius ne pouvait croire qu'un mensonge sortît jamais de la bouche de sa mère; il soupira longuement comme si son cœur eût été soulagé d'un grand poids.

— Eh bien, tant mieux, dit-il, car ce qui s'est passé aujourd'hui confirme mes soupçons de l'autre jour, et je suis très-convaincu qu'en le sauvant j'ai rendu un triste service à la société...

— Marius!

— Que ce prétendu mendiant n'est qu'un bandit...

— Marius !

— A l'affût de quelqu_ nouveau crime.

— Oh ! tais-toi, tais-toi !

— Pourquoi me taire, ma mère ?

— Oh ! si tu savais qui tu blasphèmes ! si tu savais à qui s'adressent tes paroles, s'écria Millette éperdue.

— Ma mère, quel est cet homme ? Nommez-le, il le faut. Lorsqu'il s'agit de notre honneur, que seul j'ai le droit de défendre, il m'est permis de commander et je commande.

Puis, effrayé de la stupeur avec laquelle Millette écoutait la voix, ordinairement tendre de son fils, devenir sévère et menaçante, celui-ci reprit :

— Non, je ne commande pas ; mes prières et mes larmes ne sont-elles pas sur vous toutes-puissantes ? Je pleure et je supplie. Je me jette à mon tour à vos genoux et je vous conjure. Ma mère, expliquez-moi par quel affreux hasard il peut exister quelques rapports entre vous, si sage, si honnête, si vertueuse, et cet horrible personnage !

— Tu sauras tout, mon enfant ; mais tais-toi, je t'en supplie une fois encore ; ne parle pas ainsi. Tu me disais tantôt : « Une mère, c'est un Dieu pour son enfant : comme lui, elle est infaillible. » Eh bien, Marius, cet homme aussi, tu dois déplorer et soulager sa misère ; les torts qu'il peut avoir, tu n'as pas le droit d'y porter les yeux ; ses crimes, tu dois les absoudre ; infâme pour le monde, pour toi il doit rester sacré, cet homme...

— Ma mère !

— Cet homme, c'est ton père, Marius !

Ces derniers mots expirèrent sur les lèvres de Millette, qui retomba accablée sur le divan après les avoir prononcés. Marius était devenu livide en les entendant ; il demeura pendant quelques instants anéanti ; puis, se jetant au cou de Millette, l'étreignant dans ses bras, la pressant sur son cœur, couvrant son visage de caresses et de larmes :

— Vous voyez bien, ma mère, s'écria-t-il, que je vous aime encore !

Pendant quelques instants, on n'entendit que le bruit des baisers et des sanglots de la mère et du fils.

Alors Millette raconta à Marius ce que nos lecteurs savent déjà.

Lorsqu'elle eut terminé ce triste récit, souvent interrompu par les spasmes de son désespoir, il resta pensif, accoudé contre le divan, la tête appuyée sur sa main, tandis que Millette penchait son front sur son épaule pour se rapprocher davantage de celui qui allait devenir, elle le pressentait, son seul soutien.

— Mère, lui dit-il d'un accent grave et tendre, il ne faut plus pleurer. Vos larmes sont autant d'accusations contre celui qui nous a fait ces mauvais destins, et il ne m'est pas permis de m'y associer. Je ne peux que déplorer le sort de Pierre Manas, de mon père. Votre faute sera bien légère lorsque Dieu la placera dans la balance où il pèse toutes nos actions. Il ne sera pas pour vous plus sévère qu'il ne le serait pour un ange qui, comme vous, eût failli, j'en suis sûr. Quant à votre enfant, depuis que vous lui avez révélé toutes ces douleurs de votre vie, il vous aime cent fois plus qu'il ne le faisait auparavant, parce qu'il vous sait malheureuse : prenez donc courage.

Marius se leva et fit quelques pas dans la chambre.

— Demain, mère, dit-il, nous aurons deux devoirs à remplir.

— Lesquels? demanda Millette, qui écoutait le jeune homme avec une attention presque religieuse.

— Le premier sera de quitter cette maison.

— Nous partirons !

— Soyez tranquille, mère, sur votre sort à venir; je suis fort, courageux, et avec le sentiment du devoir que vous avez si fortement gravé dans mon âme, vous pouvez, sans crainte, vous appuyer sur moi et ne compter désormais que sur votre fils.

— Oh! je te le promets, cher enfant.

— Ensuite, reprit le jeune homme d'une voix

sourde, il nous faudra chercher... celui que vous savez.

— Oh! mon Dieu! s'écria Millette en tressaillant d'épouvante.

— Ne croyez pas, mère, que je veuille vous condamner à associer de nouveau votre existence à celui qui fut envers vous si coupable. Non; mais il souffre; il n'a pas d'asile, pas de pain, peut-être, et il est mon père, et je dois partager entre vous et lui le fruit de mon travail. Puis, reprit plus bas Marius, qui sait? mes supplications l'amèneront peut-être à rompre avec ses déplorables antécédents, et à revenir à une existence plus régulière.

Marius disait tout cela sans amphase, simplement, quoique avec une énergie qui révélait en même temps la fermeté et l'élévation de son caractère. L'admiration que Millette éprouvait pour son noble enfant lui faisait un peu oublier ses douleurs.

Il en était une cependant qui restait aiguë et cuisante.

Millette n'avait jamais cherché à approfondir les théories sociales; mais, sans se douter de ce qu'elle faisait, elle les avait battues en brèche. Abandonnée de son mari, il lui avait semblé que la société ne pouvait pas la laisser sans appui. Cet appui se présentant, elle croyait de son devoir d'être aussi dévouée, aussi soumise, aussi fidèle vis-à-vis de celui qui lui avait tendu la main qu'elle l'avait été dans l'union que Dieu et les hommes avaient consacrée. Par suite, elle en était arrivée à douter de l'irrégularité de sa position. Elle ne l'avait reconnue que dans ces derniers temps, alors que la loi, ne pouvant pas admettre, pour Marius, les bénéfices de cette union illicite, et se refusant à voir en lui un autre que le fils de Pierre Manas, lui en avait clairement démontré les inconvénients.

Mais, si sa raison avait cédé à l'évidence, il n'en était pas de même de son cœur.

Millette n'avait jamais eu pour M. Coumbes ce que l'on appelle de l'amour. Le sentiment qu'elle ressentait pour lui ne peut se définir qu'en le nommant attachement, sentiment vague, aux causes souvent peu appréciables et toujours diverses, mais sentiment infiniment plus puissant que le premier, parce que, comme lui, il n'est point sujet à ces tempêtes qui laissent des nuages dans les plus beaux horizons, et parce que le temps, l'âge, l'habitude l'augmentent et le font croître à l'inverse de l'autre.

Après vingt ans de cohabitation, malgré les singulières façons que M. Coumbes apportait dans ses tendresses, son égoïsme, sa sotte fierté, ses dédains, ses boutades et son avarice, l'affection de Millette pour lui venait dans son âme immédiatement après celle qu'elle portait à son fils.

Si résignée qu'elle parût, cette idée qu'elle allait quitter la maison de l'ex-portefaix et ne plus voir ce dernier la bouleversait ; elle ne pouvait se figurer que ce fût possible.

— Mais, dit-elle timidement, et après beaucoup d'hésitation, à son fils, comment ferons-nous pour annoncer notre détermination à M. Coumbes?

— Je m'en chargerai, ma mère.

— Mon Dieu! que deviendra-t-il lorsqu'il sera seul?

Le jeune homme lut dans l'âme de sa mère; il vit ce que lui coûtait ce sacrifice.

— Mère, lui dit-il respectueusement, mais fermement, je n'oublierai jamais ce que je dois à mon bienfaiteur : toute ma vie, je me souviendrai qu'il m'a bercé, enfant, sur ses genoux ; que, pendant vingt ans, j'ai mangé son pain ; soir et matin, son nom reviendra dans mes prières, et j'espère que Dieu ne me laissera pas mourir sans que j'aie prouvé tout ce qu'il y a pour cet homme de reconnaissance et d'amour dans mon cœur; mais je ne crois pas possible que nous prolongions davantage notre séjour dans cette maison.

Puis, voyant qu'à cette phrase les pleurs de Millette avaient redoublé :

— Il ne m'appartient pas de peser davantage sur vos résolutions, ma bonne mère, ajouta-t-il ; je comprends qu'il vous soit pénible de quitter une maison où vous avez été si heureuse, pour entrer dans une existence incertaine. Je comprends qu'il vous soit cruel de renoncer à une amitié qui vous était chère ; je suis prêt à m'incliner devant votre volonté ; ne craignez pas que je murmure ou que je me plaigne. Si vous restez ici, je serai privé du bonheur de vous embrasser, mais mon cœur restera plein de vous et tout à vous.

Millette embrassa son fils avec un élan qui indiquait qu'il avait triomphé de ses indécisions, de ses regrets.

— Oh! ma mère, croyez-le bien, vous ne pouvez pas plus souffrir que je ne souffre.

Et, s'arrachant de ses bras, il s'élança hors de l'appartement comme s'il eût voulu dérober à sa mère le spectacle d'une émotion sous laquelle succombait son énergie morale.

Jusque-là, il n'avait pas songé à Madeleine.

Mais les dernières paroles de sa mère avaient évoqué dans son âme l'image de la jeune fille.

En présence de cette image, le sentiment de la situation qui lui était faite s'était présenté à son esprit.

Fils, non point de M. Coumbes, artisan honorable, estimé, riche, mais fils de Pierre Manas, flétri une fois à coup sûr, plusieurs fois peut-être par la justice humaine, il ne pouvait plus, à moins de lâcheté ou de folie, songer à une union avec Mlle Madeleine Rioufle.

C'était cette pensée qui venait de lui porter une épouvantable secousse.

Il se roula sur le sable du jardin, il enfonça ses ongles dans la terre, il lança dans la nuit ses malédictions et et ses sanglots : la chute était trop haute et trop imprévue pour ne pas être bien douloureuse. Pendant quelques instants, il ne put se rendre compte de ce qui se passait dans sa tête ; le nom de Madeleine était le seul que pussent prononcer ses lèvres.

Puis peu à peu ses idées se fixèrent et reprirent forme ; il rougit de s'être abandonné à son désespoir ; il résolut de lutter contre lui.

— Soyons homme, pensa-t-il, et, s'il faut souffrir, souffrons en homme. J'avais parlé à ma mère de deux devoirs que nous avions à remplir ; j'en trouve un troisième, à mon compte : celui d'avouer la vérité à mademoiselle Madeleine, et de lui rendre ses serments.

Étouffant un dernier sanglot, comprimant les larmes qui, malgré sa volonté, s'échappaient encore de ses yeux, Marius alla chercher l'échelle et l'appliqua contre la muraille.

Lorsqu'il fut arrivé au dernier échelon, il jeta un

coup d'œil sur le chalet : une des fenêtres du premier étage était éclairée.

— Elle est là, se dit-il.

Et s'asseyant sur le faîte du mur, il tira son échelle à lui et la fit passer du jardin de M. Coumbes dans celui de mademoiselle Riouffe, où il descendit aussi résolu, quoique le cœur gonflé de sentiments bien différents, que le soir où il avait pris ce chemin pour se rendre à son premier rendez-vous avec la jeune fille.

XVI

Où Pierre Manas intervient à sa façon

Le chalet de mademoiselle Riouffe était bâti parallèlement au cabanon de M. Coumbes, le jardin l'entourait de tous les côtés ; seulement, ce jardin avait une centaine de mètres d'étendue du côté de la rue, c'est-à-dire du côté de la façade d'entrée de la maison, tandis qu'il n'en avait qu'une vingtaine dans la partie qui regardait la mer.

L'échelle dont Marius se servait pour ses escalades nocturnes était d'habitude couchée sous un hangar adossé au cabanon; le jeune homme la plaçait à un endroit du mur où les branches du figuier pouvaient un peu masquer ses opérations; mais, dans l'agitation à laquelle il était en proie, il ne songea pas à prendre ses précautions ordinaires, et il l'appuya contre l'angle de la muraille qui faisait face à la côte, précisément un peu au-dessus de la porte par laquelle on allait du cabanon à la mer, porte par laquelle M. Coumbes devait nécessairement passer en rentrant chez lui le soir même.

Sous l'empire de la résolution qu'il avait prise d'initier loyalement celle qu'il aimait au secret qu'il venait d'apprendre, de lui rendre la parole qu'il avait reçue d'elle, de ne point lui cacher le désespoir que lui causait ce renoncement à de si chères espérances, mais, en même temps, de remplir stoïquement son devoir d'honnête homme, de fortifier celle qu'il aimait dans la résolution que son aveu ne pouvait manquer de lui inspirer, il s'était décidé, s'il ne rencontrait pas Madeleine dans le jardin, où d'habitude elle l'attendait, à pénétrer dans la maison pour la joindre. Dans son agitation fiévreuse, il avait autant de hâte maintenant de consommer cette séparation que, quelques heures auparavant, il avait eu le désir de lui renouveler l'assurance que rien au monde ne pourrait lui faire oublier celle qui d'elle-même, s'était fiancée à lui.

Une fois au bas du mur, il marcha donc dans la direction du chalet sans prendre la peine d'éteindre le bruit que faisaient ses pas sur le sable ; mais, lorsqu'il fut près du rez-de-chaussée, il lui sembla voir, derrière les rideaux de mousseline, se dessiner une ombre. Il s'arrêta. L'obscurité était profonde ; mais, justement à cause de cela, il avait reconnu dans ce cadre, éclairé par une lumière intérieure, que cette ombre n'était point celle de Madeleine. Il réfléchit que, dans son impatience et son trouble, il avait devancé l'heure de leur précédent rendez-vous, et que, si, par hasard, Madeleine avait quelque visiteur étranger dans la maison, sa présence pouvait la compromettre.

Cette pensée modifia la résolution de Marius et le décida, avant que de frapper à la porte du chalet, à bien s'assurer que Madeleine était seule.

Mais, du point où il se trouvait, il ne pouvait apercevoir que les faces latérales de l'habitation.

Il regagna donc son point de départ, fit une trouée aux cyprès que M. Jean Riouffe avait primitivement plantés le long du mur qui lui était mitoyen avec M. Coumbes, et se glissa entre cette double muraille de verdure et de pierre. En suivant cet étroit chemin, il arriva à l'extrémité, du jardin du côté de la route de Montredon à Marseille, puis il franchit une seconde fois le rempart de cyprès et se trouva du côté de la façade opposée, au milieu des buissons de lauriers et de fusains qui garnissaient cette partie de l'enclos.

Le chalet alors était devant lui, et il embrassait du regard la façade tout entière, qui regardait la grande route.

On n'entendait aucun bruit dans l'intérieur de l'habitation ; une fenêtre du premier étage seulement était éclairée ; mais cette fenêtre n'était pas celle de l'appartement de Madeleine.

Marius ne savait que penser de toutes ces incohérences, et ses idées déjà en désordre se troublaient de plus en plus.

En ce moment, il commença d'entendre le roulement sourd que faisait une voiture en venant au trot sur le chemin de Marseille ; le bruit allait augmentant, et la voiture s'arrêta devant la grille.

Mais le chalet absorbait en ce moment toute l'attention du jeune homme.

En effet, quelque chose de non moins étrange que ce qu'il avait vu jusqu'à ce moment continuait à s'opérer dans la maison.

Il avait vu s'agiter la lumière qu'il avait observée d'abord ; elle avait passé comme un éclair derrière les vitres de la croisée du corridor, et, comme cette croisée n'avait pas de rideau, Marius avait pu reconnaître que la lumière était portée par un homme; puis cette lumière avait brillé un instant dans la chambre de Madeleine, où elle s'était éteinte subitement. Tout alors était rentré dans la nuit; mais de cette chambre sortait comme un murmure confus, comme un bruit étrange qu'il ne pouvait définir.

Tout à coup, un des carreaux de la fenêtre vola en éclats, et au retentissement sinistre du verre qui se brisait, succéda un cri terrible de douleur profonde et d'appel désespéré.

— Madeleine! s'écria Marius en s'élançant hors de sa retraite.

— Grand Dieu! que se passe-t-il donc ici? s'écria, de l'autre côté du massif, une voix que le jeune homme reconnut être celle de la jeune fille pour laquelle il tremblait. C'était effectivement Madeleine qui venait de descendre de voiture, qui avait ouvert la grille et qui entrait dans le jardin.

En acquérant la certitude que ce n'était point celle qu'il aimait que le danger menaçait, Marius oublia tout, même ce cri de douleur qui vibrait encore dans l'air; il courut à elle.

Lorsqu'il entra dans le cercle de lumière blafarde que projetait la lanterne dans les mains du cocher, il était si pâle, ses traits étaient tellement bouleversés, que Madeleine fit un pas en arrière comme pour demander protection au cocher et à la chambrière qui l'accompagnait en ce moment; un second cri moins fort, mais plus douloureux que le premier, car il ressemblait à un gémissement, parvint jusqu'au petit groupe.

— Marius! Marius! s'écria Madeleine, qu'arrive-t-il donc à mon frère?

— Votre frère! s'écria avec stupeur Marius, qui ignorait, grâce à la soustraction de la lettre par M. Coumbes, la présence de Jean Riouffe à Montredon.

— Oui, oui, mon frère, mon frère, je vous dis! c'est lui que l'on assassine! Courez, je vous en conjure, courez à son secours!

Marius, éperdu, ne fit qu'un bond dans la direction du chalet; mais, nous l'avons dit, la distance à franchir était considérable. Il venait de mettre le pied sur la pelouse qui étendait sous les croisées son vert tapis, lorsque, à l'un des angles du balcon qui ceignait la maison tout entière, il aperçut la sihouette d'un homme. Cet homme enjamba la balustrade, s'y accrocha par les mains, se laissa tomber, fléchit jusqu'à terre, se releva et disparut derrière les cyprès.

— A l'assassin! cria Marius!

Et il s'élança à la poursuite de celui qui, évidemment, venait de commettre un crime.

Par malheur, une fois l'assassin derrière les cyprès,

Marius l'avait perdu de vue ; mais il avait profité du temps que le malfaiteur avait perdu à se remettre de la secousse de sa chute pour se rapprocher de lui ; il entendit le bruit de ses pas, il entendit sa respiration haletante.

Ils couraient tous deux dans la direction qu'avait prise le jeune homme lorsqu'il avait voulu observer le chalet, suivant l'allée sombre qui longeait intérieurement la rangée de cyprès ; ils arrivèrent ainsi à l'endroit où était Marius lorsque avait retenti le premier cri.

Là, Marius cessa de rien entendre ; mais, tout à coup, il vit celui qu'il poursuivait sur la crête du mur mitoyen ; alors, s'accrochant aux aspérités du mur, il parvint, lui aussi, après quelques efforts, à atteindre le couronnement de la muraille. L'homme avait déjà sauté dans le jardin de M. Coumbes, et, comme c'était précisément au niveau de la pinède du cabanon, Marius vit le feuillage des pins se refermer sur le fuyard. Sans perdre un instant, le jeune homme se laissa glisser à terre. La pinède n'était pas longue à explorer. Marius la traversa en deux ou trois enjambées ; mais, arrivé de l'autre côté, n'ayant vu personne, il hésita quelques instants et regarda autour de lui.

Ce regard lui montra la porte de la rue toute grande ouverte ; il ne douta plus, dès lors, que celui qu'il poursuivait n'eût pris cette direction; il aperçut, en effet, une ombre qui tournait le coin de l'enclos du cabanon, et s'élançait du côté de la porte.

Cette ombre avait pris sur lui une avance de toute la largeur de cet enclos.

La poursuite recommença.

Le fuyard avait gagné les terrains vagues de la pointe Rouge, où, sans doute, il espérait se dissimuler dans les anfractuosités de quelque rocher. Marius devina son projet, et, au lieu de marcher sur lui en ligne droite, il obliqua de façon à couper à son adversaire le chemin de la mer.

Au bout de cinq minutes, il ne tarda point à reconnaître qu'il avait à la course une grande supériorité sur cet individu et qu'il ne tarderait point à l'atteindre.

Effectivement, au moment où tous deux se trouvaient à la même hauteur, n'étant plus séparés que d'une vingtaine de pas, Marius plus rapproché de la mer, l'assassin plus rapproché des maisons, ce dernier s'arrêta brusquement.

Le jeune homme s'élança vers lui en criant :

— Rends-toi, misérable !

Mais à peine avait-il fait cinq ou six pas, qu'une espèce d'éclair traversa l'air en sifflant, et que la lame d'un couteau vint labourer la cuisse du fils de Millette.

Ce couteau, que le bandit tenait caché dans sa manche, venait d'être lancé par lui comme un javelot. Sans doute, la suffocation de la course l'avait empêché de se servir de cette arme avec la dextérité ordinaire aux hommes de la Provence, de sorte que la blessure était légère.

Marius se rua avec tant de violence sur celui qui venait de tenter de l'assassiner, que tous deux roulèrent sur le sable. L'homme, par un effort suprême, tenta de se relever; mais la vigueur peu commune de Marius lui permit de maintenir son adversaire renversé et de maîtriser sa main droite, avec laquelle il essayait, mais vainement, de saisir un autre instrument de mort.

—Tron de l'air! s'écria l'assassin lorsqu'il fut bien convaincu de l'inutilité de ses efforts, pas de bêtise, mon pichon! Je me rends, et, comme je me rends, je vous coupe le droit de me tuer; c'est une affaire entre moi et la guillotine; laissez-nous nous débarbouiller tous les deux.

Au son de cette voix, Marius sentit son sang se figer dans ses veines; pendant quelques secondes, sa respiration demeura complétement suspendue; il devint, certes, plus pâle que celui qu'il tenait sous son genou.

—Non, c'est impossible, murmure-t-il en se parlant lui-même.

Et, appuyant sa main sur le front du bandit, il lui renversa la tête en arrière de façon à le dégager de l'ombre portée par lui-même et à y laisser tomber la faible clarté des étoiles.

Il regarda longuement cette face hideuse, rendue plus hideuse encore par la terreur qui, malgré sa forfanterie affectée, faisait palpiter le cœur du misérable; puis, à la suite de cet examen, il demeura quelques instants abîmé dans sa douleur, comme si, sa raison se refusant à admettre ce que lui certifiaient ses yeux, il pouvait douter encore. Alors il poussa un soupire plus effrayant par les tortures intérieures qu'il révélait que ne l'avaient été les cris de mort dont le chalet venait de retentir; puis, ses muscles se détendant d'eux-mêmes, ses mains s'ouvrirent, et son corps, comme s'il eût été mû par une force automatique, s'éloigna du corps qu'il comprimait.

En effet, cet homme, c'était le mendiant des collines, c'était Pierre Manas, c'était son père!

Celui-ci ne se sentit pas plus tôt dégagé de l'étreinte dont il avait appris à connaître la puissance, qu'il fut debout et prêt à s'enfuir.

—Coquin de sort! dit-il attribuant ce répit au coup de couteau qu'il avait lancé à son adversaire; j'ai parlé trop tôt, et ce ne sera point pour cette fois-ci. Il paraît que le coupe-sifflet a porté dans les œuvres vives et que la main du vieil homme ne tremble pas plus de loin que de près. Bonsoir, mon petit pichon ! bien des choses à M. le commissaire et à MM. les gendarmes, si vous demeurez en ce monde; mes compliments au monsieur du chalet, là-bas, si vous passez dans l'autre; quant à moi, je vais me donner de l'air.

— Ne fuyez pas, lui répondit Marius, dont la parole était saccadée et tremblante comme l'est celle d'un fiévreux dans ses plus violents accès ; ne fuyez pas ! Soyez tranquille, ce n'est pas moi qui vous livrerai.

— Bonne couleur, mais pas assez foncée, cependant, pour qu'un vieux cheval de retour comme moi s'y laisse prendre. Adieu, mon pichon ! bonne santé que je te souhaite. Raisonnablement, je devrais donner une camarade à la saignée que je t'ai faite tout à l'heure et ne te quitter que lorsque ta langue serait guérie de la démangeaison de jaspiner; mais, si on n'est pas bien mis, on est honnête homme. Tu m'as rendu service l'autre nuit, sur la côte ; je t'épargne, nous sommes quittes, et je ne te force pas à me dire au revoir.

— Oh! tuez-moi ! tuez-moi ! s'écria Marius avec exaltation et en enfonçant ses mains crispées dans ses cheveux ; débarrassez-moi de cette existence qui m'est odieuse, et je vous bénirai, et mon dernier soupir sera un souhait de bonheur pour vous.

Le mendiant s'arrêta étonné ; il y avait un tel accent de vérité dans la voix de Marius, qu'il était impossible de concevoir le moindre doute.

— Pécaïre ! s'écria le bandit ; mais que se passe-t-il donc dans ta cervelle ? Coquin de sort ! je crois que, pendant la poursuite que tu m'as donnée, la boussole elle s'est détraquée dans son habitacle ; mais ce ne sont point mes affaires. Je vois là-bas des lumières qui s'agitent ; l'air de la côte n'est pas sain pour moi, cette nuit. Bonsoir, l'homme !

— Vous ne vous en irez pas, cependant, avant de m'avoir entendu ! dit Marius en se dressant à côté du bandit et en lui saisissant le bras.

Celui-ci fit un mouvement violent pour se dégager ; mais le jeune homme lui tordit la main avec une force qui devait prouver à son adversaire que la blessure qu'il avait reçue n'avait rien enlevé de sa vigueur à celui qui l'avait si ardemment poursuivi ; il étouffa un cri arraché par la douleur et se courba vers la terre pour y échapper.

— Tron de l'air ! voilà une poigne qui fait honneur à celui auquel vous la devez, jeune homme... Voyons, lâchez-moi, je ferai ce que vous voudrez. J'ai toujours entendu dire qu'aux enfants et aux fous, il ne fallait rien refuser... Seulement, nous nous baisserons un peu, s'il vous plaît ; car, rester debout sur la côte, quand tant de chiens de chasse sont en quête de ma pauvre personne, c'est un peu bien périlleux.

Et, sans attendre la réponse de Marius, Pierre Manas s'assit derrière un rocher et fit signe au jeune homme de l'imiter; mais Marius resta debout et garda le silence.

— Eh bien! que voulez-vous, tron de l'air? demanda le bandit. Vous êtes le contraire du petit tambour de Cassis, auquel il fallait donner deux sous pour qu'il frappât sur sa peau d'âne et quatre sous pour le faire taire. Vous aviez envie de jaser: je consens à vous laisser jouer du chiffon rouge, et maintenant vous voilà muet comme une sardine.

— Pierre Manas, dit Marius en cherchant à dominer son émotion, écoutez-moi.

Le mendiant tressaillit et fixa sur Marius des yeux qui étincelèrent dans l'ombre comme deux charbons.

— Vous savez mon nom? murmura-t-il d'une voix sourde et menaçante.

— Pierre Manas, reprit le jeune homme, vous avez été mauvais mari et mauvais père, vous avez abandonné votre femme et votre enfant.

— Coquin de sort! s'écria le mendiant, voudrais-tu me confesser, par hasard?

Et il éclata d'un rire cynique.

Marius continua :

— Vous venez d'ajouter un crime aux crimes qui avaient déjà souillé votre vie.

— C'est ta faute, mon pichon, reprit le mendiant ; si seulement tu m'avais donné une pièce de vingt francs, j'aurais renoncé à mon idée d'aller chez la demoiselle ; mais que voulais-tu qu'un homme fît avec tes pauvres quarante sous? Ne trouvant personne dans sa chambre, je remplissais de mon mieux mes poches, et les intentions charitables qu'elle avait manifestées, lorsque cet imbécile qui était à côté a trouvé mauvais que j'eusse un petit peu dérangé le secrétaire. Tu vois bien que le crime te revient, et que, si tu as quelque conscience, tu feras pénitence à ma place.

— Pierre Manas, continua le jeune homme d'une voix solennelle, le moment approche où vous allez avoir à rendre compte à la justice humaine de tous vos crimes. Est-ce que cela ne vous fait pas trembler? est-ce que la crainte du châtiment terrible qui vous attend ne pénètre pas dans votre âme, à défaut de remords?

— C'est selon, répondit le bandit.

— Écoutez, poursuivit Marius; quel que soit votre endurcissement, vous ne pouvez méconnaître une intervention providentielle dans ce qui se passe ce soir ; un autre eût pu courir sur vos traces; un autre que moi, qui ne peux pas et qui ne veux pas vous perdre, pourrait vous tenir en sa puissance; mais, non, c'est moi, et pas un autre, que Dieu a choisi; donc le Seigneur veut vous laisser le droit de vous repentir. Pierre Manas, profitez-en.

— Psit!... Ah! ah! le repentir, mon pichon! j'aurai beau frotter mon pain avec le repentir, il ne lui donnera seulement pas le goût que lui donnerait une gousse d'ail.

— Réfléchissez à ce que je viens de vous dire, Pierre Manas, reprit Marius écrasé par l'impudence du bandit et sentant le plus profond découragement s'emparer de lui. Je promets de taire votre nom; je vous promets davantage: pour vous sauver, j'irai jusqu'au mensonge; je donnerai du meurtrier dont je porte les marques un signalement qui, pendant quelques jours, détournera les soupçons de votre tête; profitez-en pour fuir, pour traverser la frontière, pour vous expatrier.

— C'est bien ce que je compte faire, répondit le misérable; c'est ce qui m'avait décidé, coûte que coûte, à mettre la main sur le magot.

Et, en disant ces mots, Pierre Manas fouilla, en ricanant, dans le gousset de son pantalon; mais, sans doute, il n'y trouva point ce qu'il y cherchait, car tout son corps resta immobile, tandis que sa main se promenait avec une agitation convulsive sur toutes les parties de ses vêtements; il prononça un effroyable blasphème.

— Je l'ai perdu! s'écria-t-il.

Puis, saisissant Marius à la gorge :

— Tu me l'as volé! avoue que tu me l'as volé, gueux et hypocrite que tu es!

Le jeune homme ne se débattit point, ne chercha point à échapper à cette étreinte, malgré la douleur que lui faisaient éprouver les ongles du meurtrier entrant dans sa chair.

— Fouillez-moi, dit-il d'une voix étranglée.

Ce calme fit comprendre à Pierre Manas qu'il se trompait à l'endroit de Marius; qu'il devait avoir perdu l'argent volé, mais que cet argent ne pouvait lui avoir été pris.

Il continua donc de se répandre en imprécations contre la destinée, mais il cessa d'accuser le jeune homme de la perte de son butin.

Celui-ci, dans le calme de la douleur, donna au désespoir du mendiant le temps de s'exhaler.

Puis :

— Tout peut se réparer, dit-il. Je ne suis pas riche, mais j'ai quelques économies; demain, je vous les remettrai pour vous faciliter les moyens de quitter la France.

— Tron de l'air! s'écria Pierre Manas, soirée chanceuse tout de même! Et ces économies, pèsent-elles?

— Lorsqu'on donne tout ce qu'on a, celui qui reçoit n'a pas le droit d'en demander davantage, répondit Marius, qui, en dépit des liens qui l'attachaient à cet homme, se sentait pour lui un insurmontable dégoût.

— Tu as raison, mon pichon. Ah çà! mais, dis-moi donc pour quel motif tu t'intéresses tant à mon sort. Si tu étais une femme, je croirais que je suis encore d'âge à faire des passions, continua-t-il avec un ignoble rire.

— Que vous importe la cause qui me fait agir, du moment que j'agis à votre profit? Demain, vous aurez votre argent; n'est-ce pas tout ce qu'il vous faut?

— C'est si bien dit, que ça vaudrait la peine d'être imprimé.

Puis, comme si une idée soudaine eût traversé son cerveau :

— Quel âge avez-vous? s'écria-t-il tout à coup en regardant Marius.

Le jeune homme comprit où visait la question et frissonna.

— Vingt-six ans, répondit-il.

Sa physionomie virile lui permettait de se vieillir de quelques années sans que l'âge qu'il se donnait parût improbable.

— Vingt-six ans, ça ne peut pas être ce que je

pensais, murmura tout bas Pierre Manas, mais pas si bas, toutefois, que Marius ne l'entendît.

Puis le vieux bandit demeura pensif quelques minutes.

Pendant ces réflexions du mendiant, l'âme du jeune homme était torturée.

Il se demandait si, quelque avili, quelque criminel que fût l'auteur de ses jours, il avait le droit de le renier, de se refuser à ses caresses, de garder enfin le silence; n'était-il pas possible que, retrouvant sa femme et son fils, l'âme de Pierre Manas s'ouvrît à des sentiments nouveaux? Son attitude, alors qu'il venait assurément de faire un rapprochement entre l'âge de celui auquel il parlait et l'âge que devait avoir son fils qu'il avait abandonné, prouvait que tous les instincts de la paternité n'étaient pas encore éteints chez lui; avec ce levier, n'était-il pas permis de croire que l'on pourrait relever cette âme si profondément abaissée? Pendant un instant, Marius fut tenté de se jeter à ses pieds et de lui crier : « Mon père! »

Mais le souvenir de Millette lui revint à l'esprit. Il entrevit les conséquences que cette reconnaissance pouvait avoir pour elle; il consentait bien à se sacrifier, lui, mais il ne pouvait se décider à immoler, peut-être inutilement, sa mère.

— A quoi songez-vous? demanda-t-il presque affectueusement à Pierre Manas, en voyant que celui-ci continuait de garder le silence.

— Eh! tron de l'air! répliqua brutalement le bandit, ce à quoi je songe, mon pichon? Je songe au moyen que tu pourras employer pour me faire parvenir cet argent; car tu ne l'as pas sur toi, que je pense.

Toutes les illusions du jeune homme à l'endroit de la réhabilitation morale du vieux malfaiteur s'évanouirent à ces mots.

— Non, répondit-il sèchement; mais vous n'avez qu'à me donner un rendez-vous pour demain dans les collines, et je vous porterai moi-même cet argent.

— Ah! je vous vois venir, mon malin, répondit Pierre Manas; vous voulez me faire arquepincer, n'est-ce pas? avouez-le tout de suite.

— Si telles étaient mes intentions, malheureux, répondit le jeune homme, vous avez reconnu que j'étais plus fort que vous; je n'aurais donc qu'à vous prendre à la gorge et à vous tenir ainsi jusqu'à ce que les douaniers que j'appellerais fussent arrivés.

— C'est vrai; mais, coquin de sort! pourquoi diable me voulez-vous donc tant de bien?

— Ce n'est point là question... A quelle heure vous trouverai-je demain dans les collines?

— Oh! pas dans les collines. Après la petite affaire de ce soir, c'est une garenne dont on va fureter tous les terriers ; j'aime mieux tâter de Marseille : donc, si voulez réparer le tort que vous m'avez fait en me forçant de tuer un petit peu le méchant coquin qui est venu me déranger pendant que je travaillais chez votre bonne amie, vous me trouverez demain, entre midi et une heure, sur la place Neuve.

— Sur la place Neuve, sur le port ! s'écria Marius, stupéfait que Pierre Manas songeât à se montrer à l'endroit le plus fréquenté de Marseille.

— Eh! sans doute, répondit celui-ci ; c'est l'heure où la place est encombrée de portefaix et de matelots : ce n'est que lorsque le poisson est seul qu'il est facile à harponner.

— Soit, répondit Marius, demain entre midi et une heure.

— Vous avez bien sur vous quelque monnaie, dit alors Pierre Manas avec le ton traînant et nasillard du mendiant ; donnez-la-moi, mon pichon, cela m'inspirera un peu de patience.

Marius tira sa bourse de sa poche et la laissa tomber aux pieds du meurtrier.

Celui-ci la ramassa et la soupesa dans sa main.

— Ah! coquin de sort! dit-il avec un soupir, elle n'est pas à beaucoup près aussi lourde que l'était celle de la demoiselle. Décidément, c'était une plus agréable connaissance que la vôtre, mon pichon ;

maintenant, il faut que vous décampiez le premier.

— Adieu! fit Marius incapable de trouver une autre parole dans son âme de plus en plus désespérée.

— Non, pas adieu, tron de l'air! au revoir, et à demain. Ne me vendez pas; vous avez vu que je manie assez joliment le couteau, et, si vous essayiez de me trahir, fussiez-vous à trente pas de distance, fussiez-vous entre dix gendarmes, je vous jure de faire mouche dans votre cœur.

Navré de douleur, Marius s'éloignait si rapidement, qu'il n'entendit que la moitié des menaces que le mendiant lui adressait en forme de remercîments.

D'ailleurs, une rumeur confuse venait du village: les lueurs des torches et des flambeaux jetaient aux alentours du chalet leurs clartés sombres et fumeuses. Ce spectacle de l'agitation générale rappela Madeleine au cœur du jeune homme, et le souvenir de celle qu'il aimait lui rendit un peu de courage. Bien que l'entrevue que le fils de Millette venait d'avoir avec son véritable père eût enlevé de son cœur les vagues espoirs qu'il conservait peut-être encore relativement aux projets d'union si chèrement caressés, ce cœur ne se trouvait pas moins rafraîchi en passant du spectacle de cette abjection à la triste et dernière mission qu'il lui restait à remplir; c'est-à-dire à consoler la femme qu'il aimait avant de la quitter pour toujours.

Il pressa donc le pas.

En approchant, il reconnut avec surprise que ce n'était point dans le jardin du chalet que retentissaient toutes ces clameurs et que s'agitaient toutes ces lumières, mais bien dans la propriété de M. Coumbes.

Il pénétra dans le cabanon, le cœur palpitant d'anxiété, se frayant avec quelque peine un passage à travers les groupes des habitants de Montredon, qui échangeaient force commentaires sur l'assassinat dont leur localité venait d'être le théâtre; puis enfin il entra dans la maison.

Les deux pièces du rez-de-chaussée étaient remplies d'étrangers et d'agents de la force publique. Sur le bord du divan, M. Coumbes, la tête inclinée, pâle, muet, immobile comme s'il eût été frappé de la foudre, les deux mains emprisonnées dans des menottes, se tenait assis entre deux gendarmes.

XVII

Où, sans avoir voulu sauver personne, M. Coumbes n'en accomplit pas moins son chemin de la croix

Faisons quelques pas en arrière et expliquons ce qui était arrivé. M. Coumbes avait supposé que Marius, pénétrant dans le jardin des Riouffe et y rencontrant le frère, qu'il ne cherchait pas, au lieu de la sœur qu'il cherchait, il s'ensuivrait des explications, des menaces, des défis qui forceraient bien la situation de reprendre la physionomie belliqueuse qu'elle avait avant que l'amour vînt, comme disait l'ex-portefaix, embrouiller les affaires; il comptait qu'à la suite de la rixe qui ne pouvait manquer d'avoir lieu, les odieuses velléités matrimoniales des deux jeunes gens s'évanouiraient tout naturellement.

Véritable Capulet, M. Coumbes repoussait toute alliance de l'un des siens avec les Montaigu.

Le dénoûment dramatique qui allait succéder à l'harmonieuse intelligence qui s'était établie malgré lui entre les deux jeunes gens le réjouissait d'avance.

Et, en effet, ce dénoûment servait sa haine invétérée contre la maison Riouffe ; puis ce dénoûment chatouillait encore agréablement son amour-propre. Si enfantines que fussent les combinaisons, quelle que fût la part à attribuer au hasard dans leur agencement, M. Coumbes n'était pas moins satisfait de la profondeur machiavélique avec laquelle il avait tissu sa trame et dissimulé la lettre de Madeleine ; il s'était cru naguère un matamore, maintenant il se considérait comme un rival des Talleyrand et des Metternich ; sa vanité, trompée par ses échecs horticoles, faisait flèche de toutes les brindilles qui lui tombaient sous la main.

Mais, comme chacun sait, un triomphe n'est complet qu'à la condition qu'on en jouisse en personne. S'étant formulé à lui-même cet axiome, M. Coumbes avait renoncé, pour ce soir-là, à placer ses engins dans la mer et avait décidé qu'il serait spectateur invisible, sinon désintéressé, de la scène qu'il prévoyait et qu'il avait si habilement provoquée.

Lorsque tout le monde le croyait en mer; il avait, au contraire, escaladé une pointe de rocher d'où il pouvait dominer l'enclos de son ennemi, et il avait attendu avec cette patience dont vingt ans d'exercice dans l'art de la pêche à la ligne lui avaient assuré l'heureux privilége.

Ce ne fut cependant pas dans ce poste que commença *la passion* de M. Coumbes, annoncée par nous dans le titre du présent chapitre; les premiers moments qu'il passa en observation sur la pointe de son rocher lui parurent même assez agréables. Son imagination avait pris le mors aux dents comme le cheval de don Quichotte; il chevauchait dans des nuages couleur de rose et d'azur. Une fois l'imagination lancée dans le domaine du rêve, elle ne s'arrête plus: M. Coumbes voyait la destruction du chalet, sa Carthage à lui; il ne doutait presque pas que M. Jean Riouffe, lorsqu'il connaîtrait les projets de mésalliance de sa sœur, ne contraignît celle-ci à abandonner son habitation, et il entrevoyait déjà, balancées par le mistral, les ronces et les orties qui allaient pousser sur les ruines de ces murs abhorrés.

C'était tandis qu'il jouissait de ces riantes perspectives que Pierre Manas, jusqu'alors caché dans la pinède, débutait par l'escalade qui devait le conduire à l'effraction.

Nous avons entendu le bandit le raconter lui-même à Marius: la porte des bureaux de la maison Riouffe et sœur s'était entr'ouverte pour lui, et, comme, en fait d'imagination, il ne le cédait pas même à M. Coumbes, il avait rêvé des pyramides de billets de banque et des cascades d'or et d'argent. Par malheur, ses renseignements lui avaient appris qu'un commis, dragon farouche, armé de deux pistolets, gardait ce jardin des Hespérides, qu'un concierge et un garçon de bureau couchaient à portée de la voix, disposés à prêter main-forte au commis, Pierre Manas s'était rejeté alors sur le chalet, concluant, à l'honneur de la logique de son esprit, qu'un si large fleuve métallique supposait des affluents. Or, Pierre Manas était plein de philosophie : il se résigna donc à boire dans les affluents, ne pouvant boire dans le fleuve. Le bénéfice de l'affaire serait moindre, mais les dangers étaient moindres aussi; le bandit croyait savoir pertinemment que Mlle Riouffe était seule avec une servante dans son chalet de Montredon, et il avait spéculé là-dessus.

En effet, les débuts de l'entreprise allèrent à ravir. Pierre Manas ouvrit sans bruit la porte vitrée qui donnait du rez-de-chaussée sur le jardin, se déchaussa, prit ses souliers à sa main, monta par le grand escalier et se glissa dans la chambre à la fenêtre de laquelle il avait, la veille, reconnu Mlle Madeleine Riouffe, et qu'il avait d'avance supposée être celle de la jeune fille. Une bourse bien garnie sur laquelle il jeta le grappin, dès le premier tiroir qu'il ouvrit, lui prouva qu'il ne s'était pas trompé. Malheureusement, une bonne spéculation étant donnée, on désire toujours la rendre meilleure. Il en fut ainsi cette fois encore : en tâtonnant, les mains de Pierre Manas rencontrèrent un secrétaire qui lui parut, au simple toucher, devoir renfermer le Pérou dans ses flancs ; ses doigts eurent le vertige et le communiquèrent à son cerveau ; il avait bien vu à l'angle de la maison une fenêtre éclairée, mais il supposait que cette fenêtre était celle de la chambre où couchait la servante ; puis Pierre Manas comptait sur son habileté éprouvée. Si par malheur, d'ailleurs, cette femme se présentait, tant pis pour elle ; pourquoi se mêlait-elle de choses qui ne la regardaient pas ? Pierre Manas avait, dans ce cas, des moyens sûrs de lui imposer silence : il prit un ciseau dans son arsenal et opéra une forte pesée sur le volet du secrétaire tentateur. Celui-ci n'était pas meuble à se laisser violer sans bruit ; ses ais, en se disjoignant, éclatèrent avec un fracas formidable, et Jean Riouffe, qui lisait en attendant le retour de sa sœur, apparut au lieu de la servante que Pierre Manas croyait voir arriver.

Les cris du frère de Madeleine, lorsque le bandit le frappa deux fois de son couteau, n'arrivèrent pas jusqu'à M. Coumbes, dont le poste d'observation était, nous l'avons dit, placé derrière la maison ; il entendit seulement un certain remue-ménage indiquant une rixe quelconque. Il crut que la représentation dont il avait voulu se passer la fantaisie était chaude ; son intérêt redoubla, ses oreilles se dressèrent plus attentives, et ce fut tout. Mais quelques instants après que Marius se fut élancé sur les traces de l'assassin, le sentiment du danger que courait son frère rendit des forces à Madeleine; elle s'élança vers la maison, suivie de la servante et du cocher qui les avait amenées.

Un terrible spectacle les attendait au premier étage. Jean Riouffe était couché nageant au milieu de son sang dans la chambre de Madeleine. La jeune fille ne put supporter un pareil spectacle, elle tomba sans connaissance sur le corps de son frère sans s'apercevoir qu'il respirait encore. La servante et le cocher s'élancèrent sur le balcon, l'un criant au meurtre, l'autre appelant au secours. A ces cris, qui annonçaient que la comédie avait dégénéré en tragédie, M. Coumbes commença à se divertir beaucoup moins qu'il ne l'avait projeté. L'idée ne lui était pas venue que la rencontre des deux jeunes gens pût avoir des conséquences tellement déplorables.

Il croyait avoir semé une rixe, un duel tout au plus, et voilà qu'il récoltait un assassinat. Il espérait pouvoir mettre en relief dans cette rencontre, et avec le rôle de témoin, bien entendu, une crânerie dont il avait parlé si haut et tant de fois, qu'il avait fini par y croire. Mais la bravoure hypothétique de M. Coumbes reçut immédiatement un éclatant démenti, fait pour le dégoûter à jamais de sa jactance marseillaise.

Lorsqu'il entendit la servante crier aux gens de Montredon qui accouraient : « On a assassiné M. Riouffe ! » il éprouva la sensation glacée que doit éprouver un voyageur perdu dans les Alpes, lorsqu'une avalanche s'abat sur sa tête; une sueur froide perla sur son front, ses cheveux se hérissèrent, ses dents s'entre-choquèrent avec bruit, ses genoux chancelants se dérobèrent sous lui; il glissa le long de la pente rapide au sommet de laquelle il était juché et roula jusqu'au bas de l'éminence.

Cette chute, la secousse qui la suivit, les contusions qu'elle occasionna au précieux épiderme de M. Coumbes en le heurtant aux aspérités de la roche, achevèrent la déroute de ses idées. Saisi d'une terreur panique, il se releva, oubliant de ramasser son chapeau, et s'enfuit dans la direction de son cabanon aussi vite que son émotion put le lui permettre.

Son trouble était si profond, qu'il ne vit pas les douaniers qui passèrent à deux pas de lui, quittant leur poste pour accourir sur le théâtre où venait de se passer la terrible catastrophe. Mais, en revanche, les douaniers qui n'avaient, eux, aucune raison d'être troublés, remarquèrent cet homme qui, tête nue, haletant, hors d'haleine, accourait en s'enfuyant du côté où, selon toute probabilité, un meurtre venait d'être commis.

Cet homme, ce ne pouvait être que l'assassin : ils se mirent donc à sa poursuite. M. Coumbes, se sentant poursuivi, redoubla d'efforts, et, l'agitation de sa course augmentant encore son égarement, il toucha sa porte avec cette ivresse du naufragé qui rencontre le salut quand il n'attendait plus que la mort. Il en franchit le seuil et la ferma avec violence au nez des douaniers, qui allongeaient déjà la main pour le saisir. Un coup de pied jeta bas ce trop fragile rempart, et les agents de la force publique mirent la main sur le collet de l'ex-portefaix, au moment où celui-ci trébuchait en se heurtant au pied de l'échelle que Marius avait appuyée contre la muraille. Au contact des mains brutales qui l'arrêtaient dans sa course, M. Coumbes perdit le peu de raison que le vertige lui avait laissé. Il se jeta aux genoux des douaniers, et, joignant les mains, il s'écria :

— Grâce ! grâce, messieurs ! je vous dirai tout et je dénoncerai l'assassin.

Il n'en fallait pas davantage. Du doute, ceux qui l'arrêtaient passèrent à la certitude. Malgré les cris, les protestations de M. Coumbes, on lui lia les mains. Sur ce, tous les voisins accoururent ; parmi eux se trouvaient des habitués du café Bonneveine, où M. Coumbes avait semé ses plus redondantes forfanteries. Aussi la réponse invariable de ceux-ci, lorsqu'on leur apprenait que M. Coumbes avait tué M. Jean Riouffe, était-elle : « Cela ne nous étonne pas ; nous savions bien que l'histoire finirait de la sorte. »

M. Coumbès s'amusait donc de moins en moins, et, en vérité, ce n'était pas sans motif. Cependant il se releva un peu de ce prodigieux affaissement moral. L'influence du foyer domestique sur les organisations semblables à celle que possédait M. Coumbes est considérable. Quelle que soit la faiblesse qui les caractérise, elles trouvent une certaine force lorsqu'elles rentrent dans l'enceinte que la loi et le sentiment consacrent. Les murs dont elles connaissent chaque détail, qui les ont abritées du soleil, de la pluie, de l'orage, leur communiquent cette énergie vivifiante que la terre donnait à Antée : elles deviennent capables de les défendre. Livide, les yeux éteints, la respiration oppressée, M. Coumbes voyait cependant, mais comme à travers un nuage, ce qui se passait autour de lui. Un incident bien misérable auprès des événements dont il venait d'être la victime lui fit retrouver ses sens et la force de se défendre. A travers la porte, que les allants et les venants laissaient entr'ouverte, il aperçut un jeune curieux qui, pour dominer la scène et contempler à son aise le criminel, s'était suspendu à une branche du fameux figuier, laquelle pliait et était près de casser sous le poids du petit drôle.

Cet attentat à sa propriété lui sembla plus monstrueux que la méprise et les mauvais traitements dont il avait été victime.

— Ah! méchant singe! s'écria-t-il, si tu ne descends pas et tout de suite, je te promets une copieuse distribution de calottes! Ote-toi de là, quand je te le dis!

Et, se retournant vers ceux qui le gardaient:

— C'est une infamie, dit-il, de ligaturer comme vous le faites un homme innocent, tandis que toute la racaille du pays dilapide son bien et brise ses arbres.

Cette expression de *racaille* souleva un gros murmure dans l'assistance.

Quant à lâcher celui qui le prononçait, on n'avait garde, bien que Millette éperdue joignît ses instances aux injonctions de son maître. Cette petite explosion de colère fit sur M. Coumbes l'effet que produit une saignée sur un blessé; elle rafraîchit son cerveau, et celui-ci commença de percevoir plus sainement la situation. Il tremblait toujours; il n'était pas plus qu'auparavant le maître de comprimer l'exaspération de son système nerveux. Mais, au lieu de perdre inutilement ses prières, il commença à donner des raisons plausibles de son innocence, et, pour la première fois, il prononça le nom de Marius. Si Millette avait été saisie d'épouvante lorsqu'elle avait connu l'accusation terrible qui pesait sur son maître, son désespoir n'eut plus de bornes lorsqu'elle entendit M. Coumbes rejeter sur le jeune homme toute la responsabilité du crime.

Ce désespoir ne se manifesta pas chez elle par des cris et par des pleurs, comme il eût pu arriver chez une femme du Nord. Non, sa physionomie calme et douce devint menaçante, ses yeux se chargèrent d'éclairs, et, les narines dilatées, les lèvres frémissantes, oubliant en un instant les vingt ans de respectueuse infériorité dans laquelle elle avait vécu, oubliant sa profonde affection, sa reconnaissance pour M. Coumbes, elle s'ouvrit un passage à travers la triple haie de curieux qui entouraient ce dernier, et, se plaçant en face de lui au milieu du cercle :

— Au nom de Notre-Seigneur Dieu, monsieur, s'écria-t-elle, comme si elle n'eût pu croire à ce que ses oreilles entendaient, que dites-vous donc là ? Répétez, je dois avoir mal entendu.

M. Coumbes baissa la tête à cette interrogation, avant-courrière de l'orage qui commençait à gronder dans les entrailles maternelles ; le respect humain, le sens moral luttèrent un instant contre son égoïsme ; mais l'instinct de la conservation, tout-puissant chez lui, prit promptement le dessus.

— Par ma foi, dit-il, chacun pour soi en ce monde. Qu'il dise qu'il l'a tué dans une rixe et qu'il se débrouille avec les juges ; c'est son affaire et non pas la mienne. Marius n'est pas mon fils, après tout.

M. Coumbes avait regardé Millette fixement en prononçant ces derniers mots; il espérait que la pudeur de la femme imposerait silence à la mère.

— Oh! non, ce n'est pas votre fils, reprit Millette hors d'elle-même et d'une voix éclatante, et c'est parce que ce n'est pas votre fils que si, innocent, on l'accusait d'un crime, il ne serait pas assez lâche pour rejeter ce crime sur un autre innocent. Non, il n'est pas votre fils, et c'est parce qu'il n'est pas votre fils qu'il a trop de cœur pour assassiner son prochain, soit avec le couteau, soit avec les paroles.

M. Coumbes faisait un mouvement à chacune de ces interjections, comme si chacune d'elles l'eût frappé au visage. Mais, quand Millette eut fini :

— Tron de l'air ! hurla-t-il, qu'est-ce que j'entends donc là ? C'est la fin du monde !... Tu oses le soutenir et contre moi? Femme, c'est ainsi que tu récompenses ma bêtise d'avoir élevé ce méchant drôle, de lui avoir donné mon pain à manger, d'avoir souffert que tu portes mon nom quand tu n'étais pas ma femme; car cette malheureuse n'est pas ma femme, comme vous avez pu le croire, ajouta-t-il en s'adressant à ceux qui l'écoutaient. Ah! tu veux que ma tête tombe au lieu de la sienne ! tu te joins à mes ennemis !... Eh bien, pour commencer, je te chasse ; je te rejette dans la misère où je t'ai prise. Attends, attends, laisse seujement arriver monsieur le maire, et le compte de ton gueux de fils sera vite réglé, va.

Millette allait répondre avec la même véhémence, mais un des assistants éleva la voix :

— Eh! laissez donc jaser cet homme; ne voyez-vous pas que la peur l'a rendu à moitié fou ? J'étais dans le chalet quand le chirurgien est arrivé et a relevé M. Riouffe et j'ai entendu Mlle Madeleine raconter, tout en sanglotant, qu'elle avait vu M. Marius poursuivre l'assassin. Vous voyez bien qu'il n'était pas le coupable, puisqu'il poursuivait, au contraire, celui qui avait fait le coup.

— Mlle Madeleine! fit M. Coumbes, je le crois bien; elle est comme celle-ci, elle le défendra contre tous...

M. Coumbes s'arrêta brusquement. Il venait d'apercevoir la silhouette sévère de Marius, qui, depuis quelques instants, était entré dans la chambre et qui avait entendu la plus grande partie du dialogue précédent. Le jeune homme fit un pas en avant; Millette l'aperçut et se jeta dans ses bras.

— Te voilà, Dieu soit béni! s'écria-t-elle. Sais-tu ce qui se passe ici, mon pauvre enfant ? On t'accuse; on prétend que c'est toi qui as frappé M. Riouffe. Défends-toi, Marius; prouve à ceux qui osent avancer cette calomnie que tu as l'âme trop noble, trop loyale, trop généreuse pour t'être rendu coupable de ce lâche assassinat.

— Ma mère, répondit le jeune homme d'une voix calme, mais en baissant la tête, M. Coumbes avait raison tout à l'heure : chacun pour soi dans ce monde ; c'est pour cela que le sang doit retomber sur la tête de celui qui l'a versé.

— Que dis-tu là, mon Dieu ! s'écria Millette.

— Je dis que je viens prendre la place de M. Coumbes, faussement et injustement accusé ; je dis que je viens présenter mes mains aux liens qui entourent les siennes ; je dis enfin que, si quelqu'un doit répondre du meurtre qui a été commis, c'est moi, Marius Manas, et non pas M. Coumbes.

— Oh ! c'est impossible ! s'écria Millette ; à toi comme à lui tout à l'heure, je répondrai : Tu mens ! On peut tromper les hommes, on peut tromper les juges, mais on ne trompe ni Dieu ni sa mère. Est-ce que tu oserais me regarder en face, comme tu l'as fait tout à l'heure et comme tu le fais en ce moment si tes mains étaient teintes du sang de ton prochain ? Non, non, ce n'est pas le cœur loyal qui, ce matin, aussitôt qu'il a connu la déplorable position que j'avais acceptée pour lui, n'a pas hésité entre la misère et le reproche de sa conscience ; non ce n'est pas cet homme-là qui frappe dans l'ombre avec l'arme d'un traître.

Puis, voyant que les agents de l'autorité, sans délier cependant M. Coumbes, s'assuraient de la personne de Marius :

— Ne faites pas cela, messieurs, ne faites pas cela ! s'écria-t-elle ; je vous dis qu'il n'est pas coupable, j'en suis certaine. Oh ! ne faites pas cela, je vous en conjure !

— Ma mère, ma mère, au nom du ciel, ne me déchirez pas l'âme comme vous le faites. Ne comprenez-vous donc pas que j'ai besoin de tout mon courage ?

— Mais, alors, dis-leur donc avec moi que ce n'est pas vrai, reprit la pauvre mère. Ne vois-tu pas à ton tour que je vais devenir folle, et serai-je la seule dont tu n'auras pas pitié ! Ah ! mon Dieu, Marius miséricorde pour ta mère !

Millette s'affaisa sur le pavé en prononçant ces derniers mots.

Marius tendit ses bras vers elle, mais ils étaient déjà liés ; il ne put donc que la relever, et ce furent les voisins qui, violemment émus de cette scène, se chargèrent de ce soin et l'emportèrent à demi morte dans la chambre voisine.

Pendant ce temps, le magistrat était arrivé. Il recueillit les renseignements, il interrogea celui que la voix publique accusait et celui qui se désignait lui-même comme étant l'assassin. Marius fut précis dans ses affirmations; il déclara que c'était lui qui avait frappé M. Riouffe; seulement, il se refusa obstinément à avouer le but de ce crime et à préciser les circonstances à la suite desquelles il s'en était rendu coupable. Le jeune homme était rentré au cabanon avec une seule résolution arrêtée, celle de ne pas dénoncer Pierre Manas; mais, lorsqu'il eut reconnut la méprise dont M. Coumbes était victime, lorsqu'il eut vu, à son abattement, le coup terrible que l'accusation portait à l'ancien portefaix, lorsqu'il eut compris la difficulté que celui-ci éprouvait à se justifier, il n'hésita point à lui payer sa dette de reconnaissance et à assumer sur sa tête la honte et peut-être même le châtiment.

M. Coumbes fut beaucoup plus explicite que ne l'avait été son fils adoptif; il raconta tout ce qui s'était passé dans cette journée : comment, le matin même, il avait surpris le secret de Marius; comment il avait conservé la lettre que lui écrivait Madeleine; comment, enfin, il avait voulu jouir de la confusion de son pupille et de la colère du frère de Mlle Riouffe.

Il y avait, dans les détails que donnait M. Coumbes, un cachet de sincérité que corroborait encore une émotion qu'il ne pouvait surmonter; il était impossible à un homme froid et impartial de méconnaître l'accent de la vérité tombant de cette bouche pâle et de ces lèvres tremblantes. D'ailleurs, M. Coumbes présentait la lettre de Madeleine comme pièce à l'appui de son dire. Le magistrat ordonna de le relâcher.

Quant à Marius, les explications que venait de donner l'ex-portefaix semblaient ajouter une foule de probabilités à la franchise de ses aveux. Cependant deux choses restaient inexplicables :

Quel était cet homme que la servante et le cocher avaient vus distinctement, ainsi que Madeleine, et qui avait passé comme une ombre devant eux, poursuivi par le fils de Millette ? Comment accorder enfin l'histoire de ce rendez-vous d'amant, avec le vol commis dans la chambre de la jeune fille, vol qui avait été deux fois constaté, d'abord par l'absence de la bourse du tiroir où elle était placée, et ensuite par la trouvaille de cette bourse dans le propre jardin de M. Coumbes.

Le magistrat fit revenir le prévenu et le pressa de questions ; mais Marius, qui voulait bien s'accuser d'un assassinat, ne voulait pas s'accuser d'un vol : il fut inflexible et continua de se refuser à donner aucun renseignement. On lui communiqua la lettre de Madeleine, et, d'abord, elle parut avoir produit sur lui une impression capable de modifier ses sentiments. Il la relut deux fois en pleurant beaucoup ; puis il supplia le juge de sauver, en anéantissant cette lettre, l'honneur d'une jeune fille qui, en face de la sincérité de ses aveux, serait inutilement compromise; mais, le magistrat ayant déclaré que la lettre devait figurer à l'instruction, Marius rentra dans son mutisme et ne répondit plus à aucune des interrogations qu'on lui fit. Une confrontation pouvait tout éclaircir, mais l'état du blessé était si grave, que le chirurgien déclara qu'il n'y fallait pas songer en ce moment; en conséquence, le magistrat ordonna de transporter Marius dans la prison de la ville.

On avait entouré Millette pour l'empêcher d'assister au départ de son malheureux fils.

Peu à peu, tous les étrangers se retirèrent. M. Coumbes, qui épiait le départ de chacun d'eux, suivit le dernier pour fermer soigneusement la porte de la rue, puis il rentra dans le cabanon. Il trouva la pauvre mère immobile à la place où il l'avait laissée ; elle était assise sur le carreau, les genoux rapprochés de sa poitrine, les mains appuyées sur ses genoux, le menton reposant sur ses mains, les yeux fixes et hagards. Quelque épaisse que fût la croûte dont l'égoïsme avait entouré le cœur de l'ex-portefaix, cette douleur muette paraissait en avoir raison. Ce cœur, jusque-là insensible, semblait pour la première fois se contracter en face de souffrances qui n'étaient pas les siennes, et ses yeux, légèrement humectés, paraissaient plus brillants qu'ils ne l'étaient d'ordinaire.

Il s'approcha de la pauvre mère désespérée et l'appela d'une voix presque affectueuse. Millette ne parut même pas l'avoir entendu.

— Il ne faut pas m'en vouloir, femme, continua-t-il. Que diable! dans une attaque de nerfs on ne répond pas toujours de ce que l'on fait, et l'on donne quelque fois un coup de poing à la personne que l'on aime le mieux. C'était une fâcheuse affaire que cette affaire du chalet, et, étant innocent, il était tout naturel que je me débattisse lorsque j'ai vu que l'on m'accusait.

Millette demeurait dans son attitude morne et glacée ; on eût dit une statue, tant elle était immobile, tant était peu perceptible sa respiration.

— Voyons, parle-moi donc, femme; rien ne dit que nous ne le sauverons pas. On prétend qu'avec de l'argent tout s'arrange dans ce monde; eh bien, quand il devrait m'en coûter quelque cent... quelque chose, on n'est pas un juif avec ceux qu'on aime. Sois tranquille, la mère, nous le ferons sortir de là blanc comme neige.

Mais, voyant que c'était en vain qu'il dépensait son éloquence et qu'il offrait de faire un sacrifice, M. Coumbes s'arrêta et poussa un gros soupir. Seulement, pour demeurer dans cette exactitude qui fait le véritable historien, nous devons avouer que ce n'était pas à la pauvre mère que ce soupir s'adressait, mais bien à une armoire dans laquelle Millette serrait les provisions dont elle conservait les clefs dans sa poche, et que M. Coumbes, depuis quelques instants, regardait avec des yeux pleins de concupiscence.

M. Coumbes n'était ému ni du malheur de Marius, ni de celui de Millette; M. Coumbes avait faim. Il demeura pendant quelques instants combattu entre le besoin qui lui tiraillait l'estomac et le sentiment de respect qu'inspire le malheur.

En d'autres circonstances, la lutte n'eût pas été douteuse, et l'appétit de M. Coumbes eût triomphé de toute considération étrangère ; mais son âme était en voie notoire d'amélioration ; il demeura près d'une demi-heure auprès de Millette, attendant qu'elle sortît de cet état de torpeur; mais, enfin, voyant sa patience aussi inutile que l'avaient été ses instances, il prit, à son grand regret, le parti de s'aller coucher sans souper.

Bien lui avait pris, au reste, de se pourvoir de résignation ; car, le lendemain, lorsqu'il se leva, ce fut en vain qu'il chercha Millette dans le cabanon et dans le voisinage.

La pauvre femme avait disparu, et, en quittant la maison, elle avait, sans doute par mégarde, —

M. Coumbes, malgré sa mauvaise humeur, ne l'accusa pas d'autre crime que de celui d'étourderie, — elle avait, sans doute par mégarde, emporté les clefs; ce qui fit que M. Coumbes, qu'une effraction épouvantait, même dans son propre domicile, se passa de déjeuner comme il s'était passé de souper.

XVIII

Mère et maîtresse

Dans la prison comme aux premiers moments de son arrestation, Marius demeura ferme et résigné. Son amour passionné pour Madeleine lui fournissait ce calme et ce courage. Plus il y pensait, plus il demeurait convaincu qu'il était impossible, quoi qu'il arrivât, que Mlle Riouffe épousât le fils de Pierre Manas.

Ne pouvant épouser celle qu'il aimait, qui, la première, lui avait tendu une main à laquelle il n'avait pas osé aspirer, la mort lui semblait douce, et il l'appelait de tous ses vœux comme le seul remède à ses peines.

Il pensait à sa mère ; mais sa foi religieuse lui venait en aide pour soutenir l'amertume de ce souvenir. Il se serait dévoué à la fois pour sauver son père et son bienfaiteur. Dieu ne pouvait l'abandonner ; il accueillerait la dernière prière qu'il comptait lui adresser, celle de soutenir Millette dans la rude voie que celle-ci aurait encore à parcourir sur la terre.

Il demeura donc inébranlable dans son premier interrogatoire, qui eut lieu le lendemain. Le juge d'instruction venait d'ordonner qu'on le reconduisît dans la cellule où il était au secret, lorsqu'on annonça à ce magistrat qu'une jeune dame demandait avec instance à être introduite auprès de lui.

L'impatience de la personne qui sollicitait cette audience était si extrême, qu'elle n'avait pas attendu le retour de son envoyé, et qu'à travers la porte entre-baillée, on apercevait sa silhouette dans la pénombre de l'antichambre.

Le juge d'instruction alla au-devant d'elle, de la main lui désigna un siége, et s'assit en face d'elle.

Elle n'attendit pas que le magistrat lui adressât une question.

— Ma demande va, sans doute, monsieur, vous paraître étrange, inconsidérée, dit-elle d'une voix dont l'émotion n'atténuait pas la fermeté. Peut-être la condamnerez-vous ; mais ma conscience, et pour être franche, un autre sentiment encore l'ont légitimée ; cela me suffit pour que je l'accomplisse. Je suis mademoiselle Madeleine Riouffe.

Le juge s'inclina. La jeune fille releva le voile qu'elle avait conservé jusqu'alors, et son interlocuteur put admirer ce visage qui, malgré sa pâleur, malgré les traces profondes qu'y avaient laissées les angoisses de la nuit horrible qui venait de s'écouler, excita en lui, par sa noblesse et sa beauté, un intérêt véritable.

— J'ai quitté le lit où agonise mon pauvre frère, continua Madeleine, pour venir remplir auprès de vous un devoir impérieux, en face duquel toute autre considération a dû céder.

— Je crois deviner ce qui vous amène, mademoiselle, reprit le magistrat, et, malheureusement je crois prévoir aussi qu'à mon grand regret je serai forcé de répondre par un refus à votre demande. Comme homme, j'éprouve, sans doute, une vive répugnance à livrer à la malignité publique la réputation d'une femme, surtout lorsque cette femme appartient ainsi que vous, mademoiselle, à une famille honorable ; mais le juge doit rester au-dessus de ces considérations. Il relève de Dieu bien plutôt que de ses semblables, et, dans sa mission, il doit, ainsi que Dieu, regarder comme vains les priviléges et les compositions de ce monde.

— Je ne vous comprends pas, monsieur, repartit Madeleine.

— Je serai plus précis : vous venez, sans doute, renouveler la prière que ce malheureux — je lui rends cette justice — m'a déjà adressée hier au soir : celle de faire disparaître cette lettre qui prouve que des rapports qu'il ne m'appartient pas d'apprécier existaient entre vous et l'accusé.

— Non, monsieur, non, vous vous trompez, reprit Madeleine avec une fière énergie, et je proteste contre cette supposition, parce qu'elle est odieuse. J'aime Marius, je ne rougis pas plus de l'avouer aujourd'hui que je ne rougissais de le lui écrire hier. Je suis venue à vous, non point pour vous demander de céler la vérité, mais pour la rétablir. Ce n'est que tout à l'heure que j'ai connu son arrestation ; je n'en ai appris que très-imparfaitement les détails ; j'ai craint que, dans sa générosité et dans son dévouement, il ne se refusât à avouer ce qui légitimait sa présence dans l'enceinte de ma propriété, et je suis venue pour vous l'apprendre.

— Cette noblesse de sentiments vous honore, mademoiselle, mais elle est inutile ; si les aveux de l'accusé avaient pu nous laisser des doutes, le rapprochement des circonstances, les déclarations de

M. Coumbes se seraient chargés de les lever. Il est avéré, mademoiselle, que celui que vous avez aimé s'est rendu coupable de la tentative d'assassinat qui, peut-être, vous privera d'un frère que, lui aussi, vous devez chérir.

Le juge avait appuyé sur ces derniers mots.

Mais Madeleine resta impassible.

— Je vais vous paraître une jeune fille bien étrange, monsieur; mais, au risque d'encourir votre blâme, je ne courberai pas la tête, certaine que je suis que, plus tard, votre estime me dédommagera de l'erreur où elle pourrait s'égarer en ce moment. En aimant celui dont nous parlons, je n'ai point cédé à un frivole caprice; il ne m'a pas davantage séduite, Dieu merci. Livrée de bonne heure à moi-même, j'avais de bonne heure appris que tout est sérieux dans la vie. Je l'ai choisi librement, volontairement; j'ai longtemps réfléchi à ce que j'allais faire, et, pour que je le regrettasse, il faudrait toute autre chose que les suppositions sur lesquelles, sans doute, se base votre accusation. Quant à votre dernière phrase, je vous dirai que, si j'ai quitté le lit de douleur où mon devoir m'attache, c'est que mon frère lui-même, s'il eût pu parler, m'eût dit, touchât-il au moment de notre séparation éternelle: « Va sauver un innocent! »

— Un innocent! reprit le magistrat.

— Oui, monsieur, un innocent, répliqua Madeleine avec assurance.

— En vérité, mademoiselle, je déplore votre aveuglement. Rarement, il nous est permis de pouvoir asseoir une opinion sur la culpabilité de l'accusé avant la fin de l'instruction; mais, cette fois, en présence des preuves surabondantes que je trouve, à chaque pas que je fais en avant dans cette malheureuse affaire, je puis, tout au contraire, affirmer, dès aujourd'hui, non pas seulement que l'accusé est coupable, mais le suivre pas à pas sur la route du crime et préciser les circonstances de sa perpétration. Il vous cherche dans le jardin, il ne vous trouve pas; il pénètre dans la maison, il rencontre votre frère; dans l'impossibilité d'expliquer sa présence chez vous à cette heure, il le frappe. Eh! mon Dieu, cela se voit tous les jours.

— Non, monsieur, les choses ne se sont point passées ainsi, car Marius était dans le jardin, près de moi, aux premiers cris qu'a poussés mon frère. Et ce vol, comment l'admettez-vous?

— Dans son trouble, songeant à fuir, sans ressources personnelles, il a pris le premier argent qui est tombé sous la main.

— Et ce secrétaire fracturé, et l'individu que nous entrevoyions et qu'il a poursuivi?

— Vos objections, mademoiselle, ne pourraient

14.

qu'empirer la situation du malheureux ; elles feront supposer une complicité, une préméditation à laquelle nous n'avons pas songé jusqu'à présent ; car, jusqu'à présent, contre lui, nous n'avons pas cherché d'autre témoin que lui-même.

— N'avez-vous donc pas vu, vous, monsieur, auquel rien n'échappe, continua Madeleine avec une animation croissante, qu'il ne s'était avoué coupable que pour détourner les soupçons qui planaient sur ce vieillard, sur son père ?

— Ce dévouement serait fort beau, en effet, continua froidement le magistrat, s'il était plausible ; mais, hélas ! il lui manque sa raison d'être : M. Coumbes n'est pas le père de l'accusé.

— Que dites-vous ? M. Coumbes n'est pas le père de Marius !

— Les quelques moments d'entretien que je viens d'avoir avec vous, mademoiselle, m'ont mis à même d'apprécier votre caractère. Je vous plains ; mais vous excitez en moi assez d'intérêt pour que je tente d'arracher le bandeau que vous voulez conserver sur vos yeux, pour que je porte le fer et le feu dans la plaie. Non, mademoiselle, Marius n'est point le fils de M. Coumbes. Nous vivons dans un siècle où l'on a fait justice des sots préjugés de la naissance ; cependant le sentiment de l'équité humaine n'a pas osé s'affranchir de celui que vous rencontreriez, si vous persistiez dans votre volonté de vouloir vous allier avec ce jeune homme.

— Achevez, monsieur; de grâce, achevez! s'écria Madeleine haletante d'émotion.

— Le père de Marius a été justement flétri par la justice. Le père de Marius ne s'appelle pas M. Coumbes, il s'appelle Pierre Manas.

Madeleine s'était levée pour entendre ce que le magistrat allait lui répondre. Lorsqu'il eut fini, elle retomba sur son fauteuil, comme si ces paroles eussent contenu l'arrêt de sa mort. La force qui l'avait soutenue jusque-là l'abandonna tout à coup. Les sanglots l'étouffaient, et elle voila de ses mains son visage chargé de larmes.

Le magistrat se pencha vers elle.

— Prenez courage, mon enfant, lui dit-il; vous m'appreniez tout à l'heure que vous aviez fait de bonne heure votre apprentissage de la vie sérieuse, c'est le moment d'en profiter. Ce que l'on appelle amour, à votre âge, vient plus encore de l'imagination que du cœur. Ce que vous éprouvez ne doit donc pas vous affliger outre mesure. Figurez-vous que vous avez fait un rêve et que le moment du réveil est venu. Soyez plus prudente, à l'avenir; défiez-vous de cette exaltation de sentiments qui, quelquefois, pour mieux tromper ceux qu'elle abuse, prend les apparences de la raison. Rappelez-vous que nous ne sommes plus au temps fabuleux des Romains; que tout est modeste dans notre société actuelle; que la vertu, pour y être honorée et comprise, ne doit rien exagérer, pas même la grandeur d'âme; que ce jeune homme ne fût-il pas coupable, ce que les débats prouveront, vous devez l'oublier. Les crimes de son père ne sont pas les siens, c'est vrai; il n'est pas responsable du hasard qui l'a jeté dans un berceau plutôt que dans un autre, c'est encore vrai; ce crime originel est injuste, est absurde, je vous le concède, mais enfin le monde a ses lois; il faut se courber devant elles, si l'on ne veut pas être brisé sous leurs mains de fer. Et maintenant, pardonnez cette homélie dont mes cheveux blancs et ma qualité de père de famille justifient l'opportunité.

Madeleine avait écouté le magistrat sans essayer de l'interrompre; à mesure qu'il parlait, les sanglots de la jeune fille diminuaient de violence; lorsqu'il eut fini, elle releva son front noble et fier.

— Je vous remercie, monsieur, lui dit-elle, de la bienveillante sympathie dont vous voulez bien me donner le témoignage. Je compte que vous me la conserverez, parce que plus vous me connaîtrez, plus vous m'en trouverez digne. Je suis certaine que, si vous me condamnez avec le monde, votre cœur du moins m'absoudra.

— Quoi ! s'écria le juge qui croyait avoir convaincu Madeleine ; quoi ! vous pensez encore ?...

— Monsieur, vous l'avez dit vous-même : un tel préjugé est injuste et absurde. Or, comme femme et comme chrétienne, je n'admets pas que ce qui est injuste et absurde soit honorable et honnête ; je n'admets pas qu'une absurdité, qu'une injustice puissent me délier d'un serment que de ma pleine volonté j'ai donné. Si Marius est innocent, comme je persiste à le croire, je déplorerai avec lui les fautes de son père sans en rougir plus que lui, et je travaillerai à ses côtés à réhabiliter le nom que nous partagerons ensemble.

— Je vous admire, mademoiselle, mais, je l'avoue, sans pouvoir vous approuver.

— Sans préjuger de l'avenir, je veux m'occuper du présent. Je suis la cause première de ces malheurs ; c'est moi qui aurai contribuer à précipiter Marius dans l'abîme, c'est à moi qu'il appartient de faire tout ce qui sera possible pour l'en tirer.

— Je doute que vous y réussissiez, mademoiselle, reprit tristement le magistrat. Toutes les présomptions sont contre lui, et, plus encore que les présomptions, les aveux.

— Il y a là un mystère que je ne puis concevoir, en effet ; mais, avec l'aide de Dieu, nous y réussirons peut-être.

— Une seule personne pourrait l'éclaircir, mademoiselle ; ce serait monsieur votre frère, et, malheureusement, d'après ce que me disait le chirurgien ce matin encore, il est douteux que monsieur votre frère recouvre la parole avant de succomber.

— Il la recouvrera, monsieur ; Dieu la lui rendra pour la punition du coupable et la justification de l'innocent.

Mlle Riouffe salua le juge d'instruction et le laissa tout étourdi de l'énergie virile qu'il avait trouvée chez cette jeune fille.

Le jour n'était pas encore venu lorsque Millette avait quitté le cabanon de M. Coumbes.

En le créant pour la lutte, la Providence a sagement proportionné la sensibilité de l'homme à ses forces. Lorsque le cœur est saturé de douleur, lorsqu'une goutte ajoutée à la coupe d'amertume le briserait, les larmes s'arrêtent, la pensée se paralyse, la perception devient impuissante ; il semblerait que l'âme a quitté le corps, l'abandonnant à un état torpide qui tient le milieu entre le sommeil et la mort, et que, vaincue par le mal, elle s'est enfuie vers les régions de l'infini, où elle échappe à son action.

C'est là ce qui était arrivé à la mère de Marius. Elle aimait si passionnément son enfant, que cette catastrophe l'eût tuée, si la violence du coup qui la frappait, et que la raison se refusait à comprendre, ne l'eût plongée dans cet engourdissement où nous l'avons vue. Longtemps elle demeura assise sur la pierre, inerte et froide comme elle. Lorsqu'elle faisait un effort pour fixer sa pensée, lorsqu'elle cherchait à se rappeler les circonstances de cette horrible soirée, elle se croyait en proie à un accablant cauchemar, et, cependant, il lui restait assez le sentiment de la conservation pour qu'elle redoutât le réveil.

Elle pensait à Marius et rien qu'à Marius; mais, par un contraste étrange, c'était l'enfant insouciant et joyeux, et non l'accusé d'un meurtre qui passait et repassait devant elle dans ces hallucinations. Parfois, il est vrai, et comme si son esprit eût eu honte de cette douloureuse inquiétude, comme s'il eût jugé que ce n'était pas encore un martyre assez cruel pour sa foi maternelle, elle éprouvait une violente contraction nerveuse; un chaos de poignards, de fers, d'échafauds, s'offrait à ses yeux au milieu d'un nuage d'un rouge de sang. Toutes les fibres de son cerveau se tordaient et vibraient à la fois : il lui semblait que son crâne éclaterait du moment que les larmes enfin pourraient jaillir de ses paupières, mais ses paupières restaient sèches et brûlantes. Sa faculté de se souvenir s'éteignait de nouveau, et elle retombait dans son atonie. Cette atonie était si profonde, que, sans changer de place et de situation, elle s'endormit.

Lorsqu'elle se réveilla, les rayons de l'aube, reflétés par les sommets blancs des collines de *Marchia-Veyre,* glissaient à travers les carreaux et éclairaient d'une lueur pâle la pièce dans laquelle elle se trouvait. Le premier objet que son regard distingua dans l'ombre fut la veste que son fils avait, la veille, emportée à la pêche et qu'en rentrant il avait jetée sur une chaise. Alors elle se rappela.

Elle entendit la voix de M. Coumbes qui accusait son enfant; puis celui-ci s'accusant lui-même. Elle revit les groupes compacts des curieux, le magistrat, les gendarmes; et la réalité, c'est-à-dire l'arrestation de Marius, se présenta pour la première fois nette et lucide à son esprit.

Elle se précipita sur le pauvre vêtement, témoin muet qui lui prouvait que ce drame n'était point un songe. Elle le serra sur sa poitrine; elle le couvrit de baisers frénétiques, comme si elle eût cherché dans son épais tissu quelques effluves de celui qui l'avait porté. Elle éclata en sanglots convulsifs, saccadés, inarticulés, à la suite desquels quelques larmes rafraîchirent ses prunelles injectées de sang. Tout à coup, la pauvre mère rejeta sa précieuse relique et s'élança au dehors.

Elle avait réfléchi qu'on ne lui refuserait pas, sans doute, d'embrasser son fils, si coupable qu'il fût. Elle mit une demi-heure à peine à franchir le trajet de Montredon à Marseille. Chemin faisant, elle demanda à ceux qu'elle rencontrait le chemin de la prison, et, en la voyant ainsi pâle, égarée, avec ses cheveux nuancés de mèches grises qui s'échappaient de son bonnet et flottaient autour de son visage, les passants durent supposer qu'elle avait elle-même commis quelque crime.

La secousse qu'avait reçue Millette, en affaiblissant son cerveau, l'avait disposée à cette espèce de folie douce que l'on appelle la monomanie, monomanie concentrée tout entière sur son fils.

Elle s'était demandé d'abord s'il ne lui serait pas possible d'embrasser son enfant, et immédiatement elle était arrivée à la conviction qu'elle allait le voir. Aussi, lorsqu'elle eut sonné à la porte de la maison de détention, lorsque cette porte se fut ouverte devant elle, elle en franchit le seuil avec tant d'assurance, que le concierge, qui était accouru, dut employer la force pour la repousser au dehors. Il lui apprit qu'avec un laisser-passer du procureur général, il était permis de visiter les prisonniers, mais que, Marius étant au secret, cette faveur ne pouvait lui être accordée.

Millette ne l'écoutait pas; elle était absorbée par la contemplation de ces murs noirs et épais, de ces portes de fer, de ces grilles, de ces chaînes, de ces verrous, de ces hommes armés qui veillaient à la porte; elle ne pouvait comprendre que ce luxe de précautions fût pris contre son doux et paisible Marius; cette masse de pierre lui semblait un tombeau qui pesait sur le corps de son pauvre enfant : elle frissonnait en la regardant.

Le geôlier répéta ce qu'il venait de lui dire; elle ne s'arrêta point, mais elle ne se découragea pas.

— J'attendrai, fit-elle.

Et elle traversa la rue et alla s'asseoir sur le pavé en face de la porte.

Millette passa la journée à cette place, insensible aux moqueries des passants, aussi bien qu'à la pluie qui, du toit surplombant l'endroit où elle était assise, ruisselait sur son corps; ne répondant pas aux observations qui lui étaient faites sur l'inutilité de son espérance; attentive, anxieuse au moindre bruit qui se faisait derrière l'énorme porte noire; palpitante lorsqu'elle l'entendait rouler sur ses gonds, croyant toujours voir son fils apparaître et prête à lui tendre les bras au milieu de ce cadre de fer.

Tant de constance et de douloureuse résignation touchèrent enfin le concierge de la prison lui-même, si bronzé que fût son cœur par le spectacle quotidien des misères humaines.

Vers le soir, il sortit de sa geôle et se dirigea vers la pauvre femme.

Celle-ci crut qu'il venait la chercher et poussa un cri de joie.

— Ma bonne dame, dit le geôlier, vous ne pouvez rester ici.

— Pourquoi? répondit Millette d'une voix douce et triste. Je ne fais de mal à personne,

— Sans doute; mais, trempée comme vous l'êtes, vous ne sauriez passer la nuit dehors sans tomber malade.

— Tant mieux! Dieu lui tiendra compte de mes souffrances.

— Et puis, si la patrouille vous rencontre, on vous arrêtera et on vous mettra en prison.

— Avec lui? Tant mieux!

— Non, pas avec lui; bien au contraire, lorsque son secret sera levé, vous ne pourrez pas le voir, car vous-même serez retenue comme vagabonde.

— Oh! je m'en vais, mon bon monsieur, je m'en vais; mais, dites-moi, sera-ce bientôt que je pourrai le serrer contre mon cœur? Mon Dieu, il me semble qu'il y a un siècle que nous sommes séparés; mais, ce n'est pas pour bien longtemps, n'est-ce pas, mon bon monsieur? D'abord, ce n'est pas lui qui a tué. Il n'est pas capable d'un crime; si vous l'avez vu, vous avez bien dû le penser tout de suite. N'est-ce pas qu'il est beau, mon fils? Mais ce n'est rien maintenant; c'est quand il était petit qu'il était gentil! et si pieux!

Tenez, un jour de Fête-Dieu, je l'avais habillé en saint Jean-Baptiste ; il me semble que c'était hier : si vous saviez comme il était joli sous sa peau de mouton et avec la petite croix de bois qu'il portait sur son épaule ! Vous eussiez juré un ange du bon Dieu qui s'était échappé du paradis. Le soir, en revenant de la procession, nous rencontrâmes un pauvre qui nous tendit la main ; l'enfant n'avait rien à y mettre ; il n'osait pas me demander ; M. Coumbes me donnait le bras. Quand je me retournai, le pauvre chéri avait le visage baigné de larmes ! Et c'est lui qu'on accuse d'avoir fait couler le sang de son semblable ! Voyons, est-ce possible ? Je m'en rapporte à vous... D'abord, si on le condamne, je ne pourrai pas survivre à sa mort. Vous comprenez bien, n'est-ce pas ? une mère ne peut vivre après son enfant. Les juges sont justes, puisqu'ils sont juges ; ils ne voudront pas frapper du même coup la mère et le fils. Ils me le rendront... N'est-ce pas, monsieur, qu'ils me le rendront ?

Pendant qu'elle parlait ainsi par phrases que son accent saccadé rendait plus incohérentes encore, le geôlier secouait à grand bruit le formidable trousseau de clefs qu'il portait à sa ceinture, et plusieurs fois il passa sa main sur ses yeux.

— Vous avez raison d'espérer, ma brave femme ; l'espérance est aussi nécessaire à notre cœur que l'air à notre poitrine ; mais il faut regagner votre logis ; votre fils se porte bien...

— Vous l'avez-vu ? s'écria Millette avec vivacité.

— Sans doute.

— Et vous le reverrez encore ?

— Probablement.

— Oh! que vous êtes heureux, vous! Mais vous pouvez lui dire que je suis là, le plus près de lui qu'il m'a été possible. Oh ! dites-le-lui, je vous en conjure ; vous soulagerez deux malheureux, car il m'aime, monsieur ; il m'aime, mon pauvre enfant, autant que je le chéris moi-même. Je suis sûre que son plus grand désespoir c'est d'être séparé de moi. Vous lui direz que je suis venue, que tous les jours je reviendrai, jusqu'à ce que vous me permettiez d'entrer là où il est... Mon Dieu, vous le lui direz n'est-ce pas ?

— Je vous le promets, à la condition que vous allez vous retirer bien tranquillement, bien raisonnablement.

— Oh ! je m'en vais, mon bon monsieur ; je m'en vais à l'instant même ; mais vous lui direz qu'aujourd'hui j'étais à la porte de sa prison, et tous les jours je répéterai votre nom dans mes prières.

Millette saisit la main du guichetier, et, malgré les efforts que fit cet homme pour la retirer, elle la porta à ses lèvres et s'éloigna rapidement, après avoir jeté un regard sur les sombres murs qui renfermaient ce qu'elle avait de plus cher en ce monde.

Elle erra longtemps dans le dédale des rues du vieux Marseille; elle parcourut ainsi toute la presqu'île qui s'étend entre le port vieux et l'emplacement où l'on a construit aujourd'hui les nouveaux bassins. Elle ne cherchait ni gîte ni abri; elle marchait pour user les heures qui la séparaient de ce lendemain tant souhaité où elle ne doutait pas qu'elle ne vît réaliser ses espérances. Au moment où, après avoir tourné la vieille halle, elle allait entrer dans une des ruelles qui l'entourent, un homme à l'allure inquiète et sombre passa à ses côtés.

La vue de cet homme produisit sur Millette un effet extraordinaire. Sa physionomie perdit tout à coup le caractère d'égarement mélancolique dont elle portait l'empreinte depuis le malheur de la veille; son visage s'anima; ses yeux brillèrent dans l'ombre, et, en même temps, son corps resta agité par un tremblement convulsif. Elle hâta le pas de façon à devancer cet homme. Lorsque tous deux passèrent sous un réverbère, Millette se retourna brusquement et se trouva face à face avec ce promeneur attardé.

— Pierre Manas! s'écria-t-elle en le saisissant par le poignet.

Bien que la ruelle fût complétement déserte, la conscience de Pierre Manas n'était point assez tranquille pour qu'il fût satisfait d'entendre son nom prononcé ainsi à haute voix; d'un mouvement violent, il essaya de dégager son bras pour s'enfuir ; mais on eût dit que les doigts de Millette avaient la puissance d'un étau. Quelque effort que fît le bandit, il ne put arracher sa main à cette main de fer, et la mère de Marius avança son visage sur celui de son mari, jusqu'à ce qu'ils fussent à deux lignes l'un de l'autre.

— Me reconnais-tu, Pierre Manas? fit Millette frémissante.

Pierre Manas pâlit et rejeta sa tête en arrière avec épouvante.

— Ah ! tu me reconnais! reprit la pauvre femme. Eh bien, maintenant rends-moi mon enfant.

— Ton enfant ? dit Pierre Manas avec une stupeur réelle.

— Oui, mon enfant, Marius, mon fils ; rends-moi mon enfant, qu'ils ont emmené à ta place, rends-moi Marius, qui va porter la peine de ton crime. Il faut me le rendre, entends-tu, Pierre Manas ?

— Ah ! coquin de sort, tu vas te taire, ou bien...

— Me taire, mais tu n'y penses pas, reprit Millette avec une énergie nouvelle; me taire! quand ses mains sont chargées de chaînes qui devraient être aux tiennes ; quand il est captif et que tu es libre! Me taire!... Mais crois-tu donc que j'ignore que meurtre et vol, c'est toi qui les a commis ? Dieu te place une seconde fois sur mon passage pour que je comprenne que le coupable, c'est toi. Je t'avais vu, le soir même, rôder comme un loup autour de nos maisons, et, à l'odeur du sang, aux traces de la rapine, je ne me suis pas écriée : « C'est lui qui a passé par-là ! » J'étais folle.

— Je ne te comprends pas ; je ne sais ce que tu veux dire.

— Que m'importe ! pouvu que les juges soient bien convaincus que c'est toi qui as tué M. Rioufle.

— M. Rioufle !

— Et que Marius ne s'est dénoncé, continua Millette à laquelle ses instincts maternels donnaient, en ce moment, une lucidité d'intuition merveilleuse, que parce qu'il ne voulait pas laisser accuser un innocent, et qu'il ne pouvait pas livrer son père à la hache du bourreau...

— Marius ? dit Pierre Manas, qui commençait à comprendre. N'est-il pas brun, élancé, des moustaches noires ?

— C'est lui qui était avec moi lorsque, hier, tu t'es présenté à notre porte.

— Eh, tron de l'air ! reprit le bandit, auquel l'assurance ne faisait jamais défaut pendant bien longtemps, voilà un garçon qui fera honneur à son nom !

— Médite sur l'exemple qu'il te donne, Pierre.

— Pécaïre! je crois bien! je me sens tout fier d'être son père.

— Ou plutôt suis cet exemple; c'est ton fils comme c'est le mien : ne te laisse pas vaincre par lui en courage et en générosité. Le ciel t'offre là une expiation qui rachètera toutes tes fautes. Va trouver les juges; va délivrer notre fils, et, moi aussi, j'oublierai tout ce que tu m'as fait souffrir, et, si Dieu me laisse sur la terre, ce sera pour prier pour ton âme et pour bénir ta mémoire.

Pierre Manas se grattait la tête, mais ne manifestait aucun enthousiasme pour la proposition que Millette venait de lui faire.

— Té! dit-il, tu me donnes la chair de poule avec tes prières. Il faut réfléchir avant de se décider; je ne fais rien à la légère, moi.

— Songe donc qu'il est menacé de l'échafaud! songe donc que, pour se dérober à cette honte, il peut attenter à ses jours!

— Le petit *gonze* [1], il aurait tort, répliqua froidement Pierre Manas, qui mêlait à son langage quelques mots du vocabulaire immonde des malfaiteurs; ça a toutes les formes d'un monsieur, continua-t-il avec une sorte de supériorité méprisante, et ça ne connaît pas son Code. Il a l'escalade, c'est vrai; mais,

---

[1] Imbécile.

quoi que fasse le *bêcheur* [1], la préméditation sera écartée, il aura les circonstances atténuantes ; on l'enverra *faucher le pré* [2], voilà tout.

— Faucher le pré ! dit Millette, qui démêlait quelque chose d'horrible dans les expressions mystérieuses qui frappaient son oreille.

— Ou, si tu aimes mieux, à Toulon, répliqua Pierre Manas ; ou, si tu ne comprends pas encore, aux travaux forcés, comme disent les *pantes* [3].

— Aux galères ! s'écria Millette.

— Eh bien, oui, ça se dit encore comme ça : aux galères.

— Mais les galères, c'est pis que la mort !

— Allons donc ! quelle bêtise ; les refroidis ne se réchauffent pas, tandis que ceux qui portent la manicle...

— Oh ! fit Millette en se cachant le visage entre les mains.

— La jettent un jour à la vieille ferraille ; et la preuve, c'est que je suis ici, moi.

— Oh ! dit encore la pauvre femme en mettant dans son interjection plus d'accentuation et plus d'horreur que dans la première.

---

[1] Procureur du roi.
[2] Au bagne.
[3] Bourgeois.

— Sans compter, ajouta l'ex-forçat, qu'une fois là-bas, sa qualité de mon fils sera loin de lui nuire ; je lui enverrai le mot de passe, et il n'aura qu'à choisir pour trouver un camarade qui lui fasse la courte échelle : on a des amis dans la pègre. Sois donc tranquille, il n'y pourrira pas.

— Au bagne! mon fils au bagne! s'écria Millette; mais tu ne sais donc pas, Pierre, que, si grand que soit mon amour pour lui, j'aime mieux le pleurer mort que rougir de lui?... Aux galères! Marius forçat! mais tu es devenu fou, Pierre !

— Écoute, reviens me voir demain, à la même heure; tu me rencontreras dans cette rue, nous verrons ce que nous pourrons faire.

— Non, répondit résolûment Millette, je n'ai pas confiance en toi, Pierre ; si tu avais des entrailles de père, est-ce que tu remettrais à demain ce que tu peux faire aujourd'hui quand il souffre, quand il arrose de ses larmes la paille sur laquelle on l'a jeté? Non, non; je ne te quitte pas.

Millette allongea la main pour saisir la blouse de Pierre Manas; mais celui-ci, se courbant, passa sous le bras qu'elle étendait, et, d'un bond, franchit la rue.

— Suis-moi donc! s'écria-t-il.

Si prompt et si brusque qu'eût été la fuite du bandit, Millette ne renonça pas à l'atteindre : elle traversa la rue avec autant de vigueur qu'il en avait déployé, et ses fureurs maternelles lui prêtant une force surnaturelle, elle le suivit à quelques pas de distance.

Tout en courant, elle appelait au secours.

Pierre Manas fit volte-face.

— Ah! je te tiens! s'écria Millette en se cramponnant à ses vêtements; ne crois pas m'échapper, je ne te quitte plus, je m'attache à toi comme ton ombre.

Et, remarquant que le misérable avait levé la main sur elle :

— Frappe-moi, continua-t-elle en lui présentant sa poitrine; frappe-moi, je ne te crains plus; tue-moi si tu veux! Dieu ne voudra pas que l'innocent périsse au lieu du coupable, et, de mon corps pantelant et inanimé, une voix s'élèvera qui répétera, comme je te le répète : C'est Pierre Manas, le forçat qui est un voleur et un assassin; c'est Pierre Manas qui a volé et assassiné M. Riouffe; ce n'est pas mon enfant.

La situation de Pierre Manas devenait critique.

Il se trouvait vis-à-vis d'une des maisons les plus noires et les plus sordides des ruelles ignobles qui sont la honte du vieux Marseille, dans un de ces égouts à ciel ouvert où, parmi les plus dégoûtantes ordures, grouille et pullule un cinquième de la population de la cité phocéenne, antres horribles devant lesquels le voyageur recule avec épouvante en se demandant, malgré le vivant témoignage que reçoivent ses yeux, si des hommes consentent à végéter dans de pareils bouges.

Ces foyers d'immondices pestilentiels sont en même temps le pandémonium de tous les vices; ils servent de théâtre aux saturnales des matelots; les hurlements de l'ivresse, le bruit des coups, le râle des blessés y sont traditionnels; aussi aucune croisée ne s'ouvrait, aucun habitant ne paraissait sur sa porte, malgré les cris de Millette.

Mais la police exerce une active surveillance sur ces quartiers, et une ronde pouvait venir.

Pierre Manas comprit qu'il fallait, pour son salut, que cette scène ne se prolongeât pas; sa large main s'abattit, et, enveloppant le bas du visage de sa femme, comprima la bouche de celle-ci.

Millette enfonça ses dents dans la chair et mordit avec une rage furieuse.

Malgré l'atroce douleur qu'il éprouva, Pierre Manas ne retira pas sa main; seulement, de l'autre, il serra si vigoureusement la gorge de la mère de Marius, que la suffocation ne tarda pas à s'ensuivre.

Alors, continuant de lui comprimer son bâillon sanglant sur la bouche, il souleva Millette du bras qui lui restait libre, et s'enfonça avec son fardeau dans l'allée noire et infecte d'une des maisons dont nous parlions tout à l'heure.

Il arriva à une cour si sombre, si étroite, qu'elle ressemblait à un puits. Se trouvant là, sans doute, dans un asile où il n'avait rien à redouter, sans se soucier du bruit qu'il allait faire, il lança sa femme à travers un châssis à moitié brisé, placé au niveau du pavé.

Ce qui restait de carreaux vola en éclats, et le corps inanimé de Millette, effondrant quelques ais pourris, tomba dans une espèce de cellier qui, vu sa situation au-dessous du sol, pouvait, à Marseille, passer pour une cave.

Pierre Manas disparut pendant cinq minutes; lorsqu'il revint, il portait une lanterne et une clef.

Il ouvrit le cellier et en descendit les marches, fit jouer la serrure et les verrous d'une porte qui se trouvait dans un angle de ce cellier, et, prenant le corps de Millette par-dessous les épaules, il le traîna jusque dans la seconde excavation que fermait cette porte.

Millette ne faisait aucun mouvement; Pierre Manas lui mit sa main sur sa poitrine; il sentit le cœur qui sautait encore.

— Eh, tron de l'air! dit-il, je savais bien que je n'avais pas oublié l'exercice; je n'en avais voulu exécuter que deux temps; j'étais bien sûr de n'avoir pas été jusqu'au coup de pouce. Diable! on ne tue pas sa femme quand on la retrouve après vingt ans de séparation : voyons si, pendant ces vingt ans, elle a soigné les intérêts du ménage.

Alors il plaça sa lanterne auprès du visage de Millette et se mit à retourner les poches de la pauvre femme avec une habileté qui témoignait de sa vieille expérience.

Il y trouva des clefs et quelque monnaie. Il jeta dédaigneusement les clefs à terre, mit l'argent dans sa poche, verrouilla soigneusement la porte du réduit où il laissait sa victime et celle du cellier, plaça, par surcroît de précaution, quelques barriques devant le châssis brisé, et s'en alla achever sa nuit dans une maison de débauche.

XIX

Où Pierre Manas paraît décidé à faire à son amour paternel le sacrifice de sa terre natale

Nous ne suivrons point Pierre Manas dans les tapis-francs vers lesquels nous l'avons vu s'acheminer. Notre plume a rarement essayé, sinon dans quelque situation extrême, de décrire ces sortes de localités, et ce n'est qu'avec une profonde répugnance que nous tirons des ténèbres, qui semblent leur refuge naturel, quelques-uns de ces êtres dégradés qui ont entrepris contre la société une lutte coupable ou ennemie. Comme on a pu le voir, nous y avons été contraint par la nécessité de notre récit. Mais, au risque de perdre l'attrait du pittoresque et le bénéfice de la couleur, nous n'exploiterons pas une curiosité irréfléchie en évoquant, dans les pages qui vont suivre, les tableaux de mœurs des modernes truands; nous ne souillerons pas la table anatomique, sur laquelle nous essayons d'exposer quelques secrets de l'âme humaine, par le contact de la fange immonde qui croupit dans les bas-fonds sociaux.

Abandonnons donc Pierre Manas et revenons à Millette.

Pierre Manas ne s'était point trompé; elle n'était point morte; mais un assez long espace de temps s'écoula avant qu'elle revînt à elle.

Lorsque la pauvre femme rouvrit les yeux, elle se trouva dans une obscurité profonde.

Par un mouvement naturel, elle se dressa sur ses pieds et toucha la voûte de sa tête.

Sa première pensée ne fut point qu'elle était elle-même ensevelie vivante dans une espèce de sépulcre;

sa première pensée fut que Marius était en prison.

Peut-être l'heure était-elle venue où cette prison se fût ouverte pour elle ; peut-être cette heure-là l'appelait-elle sans qu'elle pût en profiter.

Malgré les ténèbres qui l'entouraient, son instinct la conduisit à la porte ; elle essaya d'en ébranler les ais massifs, elle meurtrit ses mains et ses pieds sur le bois, elle y déchira ses ongles, appelant Marius d'une voix désespérée.

Mais Pierre Manas n'avait point en vain compté sur la solidité et la discrétion du caveau, qui lui répondait de celle dont un mot pouvait le perdre.

La porte tint bon contre les efforts furieux de la pauvre femme, et ses cris se perdirent dans le silence de mort qui régnait autour d'elle.

Alors elle tomba dans un de ces accès de rage qui côtoient la folie. Elle se roula sur la terre, elle s'arracha les cheveux, elle se meurtrit la poitrine, elle se heurta la tête à la muraille. Tantôt elle prononçait le nom de Marius, prenant le ciel à témoin que ce n'était point sa faute si elle n'était pas auprès de lui, tantôt implorant son bourreau avec un accent lamentable et le conjurant de lui rendre son fils.

Enfin, épuisée, brisée, anéantie, elle resta étendue sur la terre, son désespoir ne se révélant plus que par ses sanglots, qui eux-mêmes se perdirent dans un hoquet douloureux.

Elle en était arrivée à cet état d'affaissement lorsqu'un guichet pratiqué dans la partie supérieure de la porte, et auquel Millette n'avait pas pris garde, s'ouvrit brusquement. Les yeux de Millette, habitués à l'obscurité, distinguèrent une tête inconnue qui se colla contre le grillage de fer doublant la partie intérieure du guichet.

— Ah çà! est-ce que tu ne vas pas bientôt te taire, drôlesse! fit une voix rude. A-t-elle des poumons! c'est pis qu'un soufflet de forge; ça vous crierait du matin au soir sans se lasser.

— Ah! monsieur, monsieur! s'écria-t-elle en joignant les mains.

— Voyons, que veux-tu? Parle!

— Je veux voir Marius, je veux voir Marius; par grâce, laissez-moi voir Marius!

— En voilà un drôle qui est heureux d'être désiré de la sorte; mais, comme ce n'est pas moi qui suis chargé de te faire voir Marius, je ne puis t'inviter qu'à une chose, c'est à te taire, ou sinon, quand le camarade va venir t'apporter ta pitance, je l'engagerai à t'apprendre comment on endort ici les enfants qui ne sont pas sages.

Sur quoi, le guichet se referma. Cette apparition et ces paroles sinistres calmèrent un peu la pauvre femme, sans toutefois l'intimider. Au contraire, par ces paroles, elle avait acquis la certitude qu'elle n'était point ce qu'elle avait pu craindre un instant, séparée à jamais du monde des vivants, et que cet enfant pour lequel elle était prête à donner sa vie, elle pourrait encore le retrouver. D'ailleurs, celui que l'homme inconnu nommait le camarade, ce ne pouvait être que Pierre Manas; elle le reverrait donc, il lui apporterait de la nourriture, il ne voulait donc pas qu'elle mourût.

Or, s'il lui restait ainsi au cœur un reste de pitié pour sa malheureuse femme, n'était-il pas possible qu'elle parvînt à le toucher? Les réflexions surgirent dès lors en foule dans son cerveau à la suite de celles qu'elle venait de faire et dont, depuis quelques heures, elle était incapable. Elle pensa d'abord à une évasion; elle chercha à se rendre compte de l'endroit où elle se trouvait; elle le parcourut en entier, remplaçant le sens de la vue par celui du toucher.

Cet endroit était un caveau qui pouvait avoir une dizaine de pieds de long sur six ou huit de large, sans soupirail pour donner du jour, sans autre issue pour donner de l'air que le guichet dont nous avons parlé. Sur quelque face que se promenassent les mains de la prisonnière, elles ne rencontrèrent que le mur tout gluant d'humidité, ce qui indiquait suffisamment qu'elle était placée au-dessous du sol. En outre, les pierres qui composaient ce mur étaient si larges, qu'en calculant leur épaisseur d'après leur largeur, il n'était point probable que, parvînt-elle à en desceller une, ses forces fussent suffisantes pour la tirer de son alvéole.

Elle s'assit donc, profondément émue et découragée ; une seule chance lui restait, non pas de vivre — que lui importait la vie ! — mais de retrouver son enfant ; cette chance roulait tout entière sur Pierre Manas : c'était lui qui tenait les destinées de Marius entre ses mains. Alors et peu à peu, malgré les vertueux instincts de Millette, les choses se présentèrent à elle sous un nouveau jour. Le bagne, dont Pierre Manas lui avait présenté la perspective pour Marius, du moment où le bagne faisait de Marius innocent un martyr, le bagne lui semblait moins horrible ; au moins, c'était encore la vie : au bagne, elle pourrait le revoir ; la casaque rouge du galérien recouvrant ce cœur dévoué qui s'était sacrifié pour son père lui semblait moins hideuse et moins repoussante. Elle se reprocha d'avoir confondu le père avec le fils, en proposant au premier le dévouement sublime dont l'âme du second avait été capable, et peu à peu les fautes qu'elle avait commises pendant la soirée se représentèrent les unes après les autres à son esprit.

Elle résolut de faire tout son possible pour attendrir le bandit au lieu de le menacer comme elle avait fait ; elle se mit à préparer d'avance ce qu'elle allait lui dire lorsqu'elle le verrait. Elle fouilla tous les coins et les recoins de son cœur pour y chercher ce qui pourrait amollir cette âme endurcie; mais les mots qu'elle se prononçait à elle-même tout bas ne rendaient pas ce cri puissant de la maternité qui s'était échappé de ses lèvres et qui était près de s'en échapper encore. Ce cri résonnait dans ses entrailles et ne pouvait arriver jusqu'à sa bouche; elle se désespérait de cette insuffisance de la langue humaine. Elle s'écriait : « Ce n'est pas cela, ce n'est pas cela ! » et elle recommençait le même thème en essayant de lui donner une nouvelle forme.

Enfin, des pas alourdis résonnèrent dans le cellier; tout le sang de Millette reflua vers son cœur; la respiration lui manqua : le condamné qui entend venir le bourreau n'est pas plus tranquille que ne l'était la pauvre femme.

Pierre Manas, de son côté, — car c'était lui, — Pierre Manas, si elle eût pu le voir, lui eût paru inquiet et soucieux. Et, en effet, cette inquiétude et ce souci avaient leur raison d'être. Le propriétaire du coupe-gorge dans lequel il logeait et dont dépendait le caveau où il avait déposé sa victime, lui avait nettement déclaré qu'il ne voulait pas la garder plus longtemps chez lui; le crime de séquestration était prévu par le Code pénal. Il avait ajouté qu'à plu forte raison il n'entendait point qu'un assassinat fû commis dans sa maison. Pierre Manas en était à regretter de ne pas avoir été jusqu'au troisième mouvement de la strangulation et d'avoir montré ce que, vis-à-vis de lui-même, il caractérisait de faiblesse.

Il entra donc, fort pensif, dans le caveau, ferma soigneusement la porte, déposa dans un angle une cruche d'eau et un morceau de pain noir qu'il avait à tout hasard, et pour témoigner de ses bonnes intentions, apportés avec lui, et se tint debout adossé à la muraille.

— Eh bien! dit-il, tu t'es enfin décidée à te taire, à ce qu'il paraît? Il va sans dire que tu as bien fait, tron de l'air!

La pauvre femme se traîna vers l'endroit d'où partait la voix et embrassa les genoux de son mari.

— Pierre, lui dit-elle avec un accent de doux reproche et comme si elle eût oublié le caractère de celui auquel elle s'adressait, Pierre, tu m'as bien maltraitée cette nuit, et cela pourquoi? Parce que j'aime autant que ma vie le pauvre enfant que je tiens de toi.

— Mais, coquin de sort, ce n'est point de l'aimer autant que ta vie que je te reproche, c'est de l'aimer plus que la mienne! répondit Pierre Manas en ricanant, visiblement enchanté, au reste, de la révolution qui s'était opérée chez la malheureuse femme, révolution qui allait lui permettre d'exécuter les injonctions du maître de cet épouvantable logis.

— Je ne te parlerai plus du sacrifice de ta vie, Pierre ; ces choses-là, une mère les rêve. Non, j'étais folle, vois-tu ; cette arrestation, ce cachot où est enfermé Marius, tout cela m'a fait perdre la tête. Je pensais que, comme je le ferais, moi, à ta place, tu serais heureux de sauver ton fils au prix de ton sang. Il ne faut pas m'en vouloir ; j'avais oublié qu'une mère aime à sa façon et un père à la sienne ; mais à ton tour promets-moi une chose, Pierre, c'est que tu ne m'enterras pas dans ce caveau, c'est que j'en sortirai vivante ?

— Ah ! tu as peur, il me semble ; tu faisais tant la brave tantôt !

— Oh ! oui, j'ai peur ; mais pas pour moi, je te le jure ; j'ai peur pour lui, pauvre enfant. Pense donc, Pierre, si j'étais morte, il ne lui resterait personne pour le consoler, pour partager ses douleurs, pour lui aider à porter le poids de ses chaînes. Oh ! je t'en conjure, Pierre, ne prive pas notre enfant de la tendresse de sa mère, dont il a grand besoin maintenant. Laisse-moi retourner près de lui.

— Te laisser aller, toi, pour que tu me dénonces et qu'une fois que l'on tiendra Pierre Manas, dont tu ne dois pas être fâchée de te débarrasser, tu te moques de lui avec le petit ? Allons donc, tu me prends pour un autre, ma bonne.

— Par la croix de notre Sauveur, sur la tête de

notre enfant, je te jure de ne pas te dénoncer, Pierre, je t'en fais le serment sacré.

— Ah! oui, avec cela que tu les tiens bien, tes serments, dit impudemment le bandit, témoin tes serments conjugaux.

Millette courba la tête et ne répondit point.

— Non, tu ne me quitteras plus que de l'autre côté de la frontière. Au fait, c'est bête comme tout d'avoir une femme et d'en perdre le bénéfice. La loi veut que tu me suives, la belle, et il faut obéir à la loi. Je veux bien ne pas me montrer trop sévère pour le passé, mais pour l'avenir, c'est différent.

Puis, montrant du doigt les murs du cachot :

— Te voilà réintégrée au domicile conjugal, ajouta-t-il, et j'entends que tu y restes.

— Et Marius! et Marius! s'écria la pauvre mère, je ne reverrai donc plus Marius! Oh! Pierre, aie pitié de moi; souviens-toi que tu m'as aimée autrefois, que tu te traînais à mes genoux pour que je résistasse à la volonté de mes parents qui me voulaient donner à un autre mari et que j'ai répondu en me jetant dans tes bras. Eh bien, en souvenir de ce jour, Pierre, ne me repousse pas; Pierre, ne me sépare pas de mon fils.

— Écoute, dit le bandit, qui commençait évidemment à ébaucher un projet; écoute, je ne suis pas plus frileux qu'un autre; l'enfant est brave, et, pourvu qu'il ne m'en coûte pas ma peau, je suis disposé à faire quelque chose pour lui.

— Oh! mon Dieu, fit Millette haletante d'espérance.

— Oui, ajouta-t-il après avoir fait semblant de réfléchir, je suis tout décidé, non pas à le sauver moi-même, mais à te laisser le sauver.

— Et que faut il faire pour cela?

— Tu comprends, ce n'est pas aujourd'hui, ce n'est pas demain que le petit va paraître devant ses juges et que le jugement va être prononcé; la justice n'est pas si pressée que cela; j'ai donc le temps de gagner au large et de passer de l'autre côté du Var. Une fois de l'autre côté du Var, jusqu'où tu auras la bonté de m'accompagner, je te dis : « Bien le bonsoir, Millette; maintenant, tu peux faire et dire ce que tu voudras, Pierre Manas s'en moque : il dit adieu à son ingrate patrie pour n'y jamais rentrer. »

— Oh! Pierre, Pierre, je t'accompagnerai où tu voudras sans dire un mot; je te défendrai même au besoin. Niaise que je suis de n'avoir pas compris qu'il y avait ce moyen-là!

— Sans doute, il y a ce moyen-là; mais...

— Mais quoi?

— On ne s'expatrie pas ainsi sans un sou dans sa poche, et Pierre Manas n'est pas un enfant pour faire de ces écoles-là. Voyons, cherche bien, quelle somme peux-tu réaliser au profit d'un époux malheureux et persécuté ? Le petit m'avait bien promis de faire quelque petite chose pour moi, mais ils l'ont pris avant qu'il ait eu le temps de réaliser sa pieuse intention.

Puis, prenant des airs de loup devenu berger :

— Cherche, ma petite femme, cherche, lui dit-il en s'asseyant près d'elle.

— Mais je n'ai rien, absolument rien, lui dit-elle.

— Rien ?

— Pas une obole.

— Et le petit, combien crois-tu qu'il m'eût donné ?

— Ah ! tout ce qu'il possédait, j'en suis sûre.

— Et ce qu'il possédait, à combien cela pouvait-il monter ?

— A six ou sept cents francs peut-être.

— Ce n'est pas grand'chose, ajouta Pierre Manas ; mais enfin...

Puis après un instant de silence :

— Et où sont-ils, ces six ou sept cents francs du petit ?

— Ils sont dans sa chambre, chez M. Coumbes.

— Eh bien, tu me donneras ces six ou sept cents francs, et, avec cela, je passerai au large. Au reste, continua Pierre Manas, on a un état, on n'est embarrassé nulle part.

— Mais l'argent, murmura Millette, ce n'est pas à moi, Pierre.

— Ne voilà-t-il pas que, pour sauver ton enfant, tu vas avoir scrupule de disposer de l'argent de ton enfant et d'un argent qu'il allait me donner, encore?

— Au fait, dit Millette, eh bien, oui, j'irai te chercher cet argent et je te le remettrai.

— Femme, tu sais ce que je t'ai dit.

— Que m'as-tu dit, Pierre? car tu m'as dit beaucoup de choses.

— Je t'ai dit que, jusqu'à ce que je sois de l'autre côté du Var, nous ne nous quitterons pas.

— Si nous ne nous quittons pas, comment veux-tu que j'aille te chercher cet argent dans la chambre de Marius?

— Nous irons ensemble.

— Ensemble?

— Ah! c'est à prendre ou à laisser, dit Pierre Manas en reprenant son ton brutal.

— Et quand irons-nous?

— Ce soir, pas plus tard que cela; et, d'ici là, soyons sage, buvons notre eau, mangeons notre pain et ne faisons pas de bruit.

Et Pierre Manas se leva après avoir mis, adroitement et sans bruit, dans sa poche les deux ou trois clefs qui étaient restées gisantes depuis la veille sur le sol, auxquelles Millette n'avaient point pensé, et auxquelles il avait pensé, lui, en homme de précaution qu'il était. Après quoi, il sortit du caveau en recommandant de nouveau à la prisonnière d'être bien sage.

Dans la cour, il rencontra le propriétaire du bouge.

— Eh bien, lui demanda celui-ci, à quand le déménagement?

— A ce soir, père Vély!

— C'est bien tard, ce soir.

— Allons, un peu de patience.

— Non, j'en ai eu assez avec toi, de la patience; tu es un fainéant, tu fais le lézard pendant tout le jour au soleil, tu ne payes pas ton loyer, et voilà que tu m'embarrasses d'une guenille qui fait plus de bruit à elle seule que tout le reste de l'établissement. Allons, allons, décanille sur-le-champ, toi et ta donzelle.

— Ne soyez donc pas si vif; je *nourris un poupard* [1], et vous allez me troubler quand je médite!

— Ce n'est pas un conte que tu me fais là?

— Eh! non; c'est justement pour mettre la chose à bonne fin que je me suis réconcilié avec mon épouse, dont j'étais séparé de corps et de biens depuis vingt ans. Dans ce moment-ci, elle est en train de faire un testament en ma faveur.

[1] Médite un vol.

Le père Vély, à cette spécieuse explication, parut se radoucir, et, comme il faisait grand jour, il s'en alla vaquer à ses nombreuses occupations.

XX

Où M. Coumbes tire le plus beau coup de feu qu'ait jamais fait un amateur de chasse

Pierre Manas était, en affaires d'argent, d'une exactitude exemplaire. Douze heures après la conversation que nous avons rapportée, c'est-à-dire vers neuf heures du soir, par une soirée sans lune, il ouvrait pour la seconde fois la porte du caveau de Millette.

Millette était debout et l'attendait. Sa conscience était tout à fait tranquille ; elle avait compris que nul, pas même Dieu, ne lui ferait un reproche de sauver son fils avec l'argent de son fils.

— Eh bien? demanda Pierre Manas d'une voix sombre.

— Eh bien, répondit Millette, je suis prête à te suivre et à faire ce que tu m'as demandé.

Pierre Manas fit un mouvement de surprise : il croyait avoir à vaincre une dernière résistance. Comment Millette, sous sa demande à peu près innocente, n'avait-elle pas deviné le véritable projet, qui n'avait rien d'innocent ? Le bandit, ne pouvant croire à la simplicité, croyait à la dissimulation.

Millette lui inspira donc une profonde méfiance.

— Ah ! ah ! dit-il, la girouette a tourné, à ce qu'il paraît ?

— Mais non, répondit simplement Millette ; ne t'ai-je pas dit que j'étais prête à faire ce que tu me demandais ?

— Alors, partons, dit brutalement Pierre Manas.

D'un seul élan la pauvre femme fut hors du caveau. Au transport qu'elle mettait à fuir sa prison, on comprenait combien était puissant en elle le souvenir des dangers qu'elle y avait courus. Pierre Manas l'arrêta brusquement en saisissant sa robe. La secousse fut si violente, que Millette tomba sur ses genoux.

— Oh ! pas si vite, pas si vite, dit-il ; voilà une précipitation de mauvais augure, par ma foi : tu me ferais croire que tu as hâte d'être dehors pour crier : « A la garde ! » afin que quatre hommes et un caporal te débarrassent de ton cher époux. Eh ! eh ! je ne sais, mais tu me donnes envie de me passer de ta société, si agréable qu'elle soit.

— Je te jure, Pierre !... s'empressa de dire la pauvre femme.

— Ne jure pas, interrompit Pierre Manas : voici qui me répond mieux de toi que tous tes serments.

Et Milliette sentit la pointe froide et aiguë d'un couteau-poignard que le misérable appuyait sur sa poitrine.

— Vois-tu, dit Pierre Manas, moi, je ne fais pas de traîtrise ; mais il faut que tu saches aussi que je n'en souffre pas. Lorsque nous serons dans la rue, pousse un cri, dis un mot, fais un geste qui ne me convienne pas, et voici *Saigne-à-mort* qui fera à l'instant même sa besogne. Ça vaut la peine qu'on y pense, n'est-ce pas ? Penses-y donc, je t'y invite, et, pour mieux te prouver tout le prix que j'attache à ce que tu suives mes avis, je vais prendre une petite précaution qui ne te laissera point exposée aux tentations auxquelles, en ta qualité de femme, tu ne saurais peut-être pas résister.

Pierre Manas éteignit sa lanterne et la mit dans sa poche ; puis il assujettit fortement un bandeau sur les yeux de sa femm , en ayant soin de rabattre les brides de son bonnet de manière à masquer la partie supérieure de son visage ; ensuite, il plaça le bras de celle-ci sous son bras et la serra fortement contre sa poitrine. Enfin, pour plus de sûreté, il enferma la main de Millette dans la sienne.

— Et maintenant, lui dit-il, ne crains point de t'appuyer sur ton soutien naturel et légitime, chère amie. Tron de l'air! je sûr que, de loin et dans la nuit, on va nous prendre pour deux fiancés bien amoureux l'un de l'autre.

Tout en parlant et en agissant, Pierre Manas avait marché, et Millette, se sentant frapper au visage par l'air frais de la rue, comprit qu'ils étaient sortis de l'allée.

Elle respira avec plus de facilité.

— Oui, oui, dit Pierre Manas, à qui rien n'échappait, voilà la respiration qui nous revient; au reste, nous en avons besoin, nous avons une trotte à faire.

Ils avancèrent; mais, quoique le bandeau qui couvrait ses yeux empêchât la pauvre femme de rien distinguer autour d'elle, elle reconnut que son mari usait des plus grandes précautions pour traverser la ville. Il ne s'engageait jamais dans une rue nouvelle avant de l'avoir attentivement explorée du regard; les haltes étaient fréquentes; souvent le bandit tournait brusquement, faisant volte-face et revenant sur ses pas comme si quelque danger inattendu se fût dressé sur sa route. Quant à Millette, commençant à craindre que son mari n'eût l'intention de se débarrasser d'elle, elle paraissait en proie à des angoisses terribles; lorsqu'il s'arrêtait, elle prêtait l'oreille avec cette anxiété profonde du guerrier indien qui, au milieu de ses forêts, écoute le pas de l'ennemi qui s'avance; mais, soit que Pierre Manas manœuvrât avec une habileté extraordinaire, soit qu'à cette heure de nuit les passants fussent rares dans les rues, elle eut beau écouter : elle n'entendit que le bruit de ses propres pas et de ceux de son conducteur qui retentissaient sur la dalle sonore.

Bientôt ils escaladèrent une pente rapide et escarpée, le long de laquelle les cailloux roulaient sous leurs pieds, tandis que le bruit sourd et monotone de la mer se brisant contre les rochers commençait d'éveiller l'attention de Millette et de lui indiquer le chemin qu'elle faisait. Elle se rendait bien à Montredon.

On continua de marcher. Tout à coup, au moment où l'air frais de la mer et le bruissement des vagues lui apprenaient que l'on était arrivé au rivage, elle sentit que son mari l'enlevait entre ses bras, entrait dans l'eau tout en lui enjoignant de ne pas toucher au bandeau qui lui cachait les yeux, faisait quelques pas devant lui malgré la résistance des lames, s'accrochait à un bateau qui se balançait doucement à son amarre, y déposait son fardeau, grimpait à son tour auprès d'elle, coupait le câble et, saisissant les avirons, poussait au large. Alors seulement il permit à Millette de relever le mouchoir dont il lui avait bandé les yeux. Millette profita de la permission et regarda autour d'elle : elle était bien seule dans le bateau en face de Pierre Manas et perdue avec lui dans cette immensité que doublaient les ténèbres. Le forçat ne disait rien et se courbait sur les rames avec impatience. Millette comprit qu'il avait hâte de s'écarter de la côte, dont, du reste, ils étaient déjà trop éloignés pour que le son de la voix humaine pût dominer le bruit des vagues et parvenir jusqu'au rivage ; du côté du large, elle n'apercevait rien que les feux du phare de Planier, gigantesque étoile brillant et s'éteignant tour à tour sur le rideau noir que formaient le ciel et l'horizon.

Au bout de quelques instants, Pierre Manas rentra ses avirons ; il décoiffa l'antenne autour de laquelle la voile était enroulée et en livra la toile à la brise ; mais le vent était au sud-est, et cette direction fut loin d'accélérer leur marche. Ce n'était qu'en tirant des bordées que l'embarcation pouvait s'approcher de Montredon, sur lequel le forçat avait mis le cap. Il perdit ainsi deux bonnes heures à louvoyer, et, lorsque l'embarcation se trouva à la hauteur du Prado, il ferla la voile et borda de nouveau les avirons.

On commençait à distinguer les pitons de Marchia-Veyre. A mesure qu'ils approchaient, comme si Millette eût deviné qu'ils marchaient vers l'inconnu, elle sentait redoubler les battements de son cœur; par moment, ces battements étaient si rapides et si violents, qu'il lui semblait que ce cœur allait déchirer son enveloppe. Jusque-là, Pierre Manas était demeuré silencieux ; en voyant le but vers lequel se concentraient ses pensées de rapine, il prit la loquacité railleuse qui lui était habituelle.

— Coquin de sort! s'écria-t-il, tu ne peux pas dire, Millette, que tu n'as pas le meilleur mari de toute la Provence. Regarde, non-seulement je te conduis à la campagne, mais encore je compromets mes affaires et je perds une heure de chemin pour te donner l'agrément d'une promenade en mer. Et maintenant, ajouta-t-il en débarquant, tu comprends bien qu'il faut que tant de galanterie soit récompensée.

— Pierre, dit Millette, pourvu que la délivrance de notre pauvre enfant soit au bout de ce que tu me demanderas, je ferai tout ce qui te sera agréable.

— Eh bien, à la bonne heure, voilà qui est parlé.

Et Pierre Manas, prenant le bras de sa femme, s'achemina vers le cabanon, dont la masse noire se détachait dans l'obscurité par sa silhouette, plus sombre encore que la nuit

Arrivée à la porte du cabanon, Millette, comme si la mémoire lui revenait alors seulement, fouilla vivement à sa poche et poussa une exclamation.

— Qu'y a-t-il? demanda Pierre Manas.

— Il y a que j'ai perdu les clefs de la maison.

— Par bonheur, je les ai retrouvées, moi, dit le bandit en faisant sonner le petit trousseau qu'il avait réuni par une ficelle.

Et, du premier coup, avec une adresse qui prouvait l'expérience que Pierre Manas avait de ces sortes d'affaires, il trouva la clef de la porte du jardin.

La porte s'ouvrit en criant légèrement. M. Coumbes était trop économe pour employer son huile d'olive à graisser les gonds de ses portes.

— Là, maintenant, dit Millette en posant sa main sur le bras de Pierre Manas, laisse-moi entrer seule.

— Comment! seule?

— Oui, et je te rapporterai ce que je t'ai promis.

— Ah! bagasse, la bonne histoire! ce sont des menottes que tu m'apporterais; et puis, il m'est venu une foule de réflexions en route; comme on dit, tu sais, la nuit porte conseil.

La pauvre femme commença à trembler.

— Quelles réflexions te sont donc venues? demanda-t-elle. Je croyais que tout était arrêté entre nous.

— Combien y a-t-il d'années que tu es avec monsieur Coumbes?

— Dix-huit à dix-neuf ans à peu près, répondit Millette en baissant les yeux.

— Alors tu dois avoir une jolie pelote.

— Comment! une pelote?

— Oui; je te connais, tu es économe; à deux cents francs par an, pour les gages, si grigou que soit le vieux drôle, c'est bien le moins qu'il devait te donner; à deux cents francs par an, avec les intérêts, cela fait bien près de dix ou douze mille francs, sais-tu? Or, comme chef de la communauté, c'est à moi qu'appartient la disposition de l'argent. Où sont les dix ou douze mille francs?

— Mais, malheureux, répondit Millette, je n'ai jamais pensé à rien demander à M. Coumbes, de même qu'il n'a jamais pensé à me rien donner. Je soignais les intérêts de la maison. Il m'habillait, me nourrissait; il habillait et nourrissait Marius. Il a fait, en outre la dépense de son éducation.

— Oui, je comprends, de sorte qu'il y a un compte à faire entre toi et M. Coumbes. C'est bien, conduis-moi à sa chambre; ce compte, nous le réglerons, et, une fois réglé, je lui donnerai décharge définitive, afin que personne ne lui réclame rien après moi.

— Mais, malheureux, que dis-tu donc là?

— Je dis qu'il s'agit de me conduire droit à la chambre du vieux cancre, et cela sans barguigner, et, une fois dans sa chambre, de me dire où le scélérat cache notre argent.

— Notre argent!

— Eh! oui, notre argent; puisque tu n'avais pas de gages, puisque tu soignais ses intérêts, puisque tu faisais fructifier le capital, la moitié des économies faites pendant la durée de l'association t'appartient. Je te promets de ne prendre que la moitié, juste notre compte; donc, plus de scrupules et marchons.

— Jamais! jamais! s'écria Millette.

Mais au second jamais, elle poussa un cri de douleur : elle avait senti la pointe du couteau du bandit s'enfoncer dans les chairs de son épaule.

— Pierre! Pierre! dit-elle, je ferai tout ce que tu voudras; mais tu me jures que pas un cheveu ne tombera de la tête de celui que tu veux dépouiller?

— Sois donc tranquille, je sais trop ce que nous lui devons pour avoir pris soin de toi depuis vingt ans, et nous avoir ménagé de petites ressources pour notre vieillesse. Mais ne perdons pas le temps : le temps, c'est de l'argent, comme disent les Américains.

— Mon Dieu! mon Dieu! tu m'avais fait espérer que quand tu aurais la bourse de Marius, tu quitterais la France.

— Que veux-tu! l'appétit vient en mangeant; puis je me fais vieux, et, surtout à l'étranger, je ne serais pas fâché de vivre un peu de mes rentes. D'ailleurs, comme je n'ai d'autre héritier légitime que Marius, tout lui reviendra un jour. Pauvre petit ! c'est donc pour lui, en réalité, que nous allons travailler. Aussi j'ai hâte de me mettre à la besogne. Allons, conduis-moi, fainéante !

Et il lui fit sentir de nouveau la pointe du couteau.

Millette poussa un soupir, marcha la première, et s'arrêtant devant une porte :

— C'est ici, balbutia-t-elle.

Le bandit appuya son oreille contre la porte ; on entendait, malgré l'obstacle, la bruyante respiration de M. Coumbes, indiquant que le ronfleur dormait d'un profond sommeil.

Pierre Manas chercha de la main la serrure, la clef y était ; la porte du jardin fermée, M. Coumbes se tenait pour en sûreté chez lui.

Le bandit fit doucement jouer le pêne ; comme celle du jardin, la serrure cria bien un peu, mais le ronflement du dormeur éteignit son grincement.

Pierre Manas entra, tirant derrière lui Millette plus morte que vive, et referma la porte derrière lui.

Puis, cette précaution prise :

— Allons, murmura-t-il, comme s'il était chez lui,

allumons la chandelle maintenant; quand on y voit, la besogne est meilleure.

Millette balbutiait une prière; la terreur lui ôtait presque le sentiment.

L'allumette petilla, la flamme s'attacha à la mèche de la chandelle, et la lueur blafarde du maigre suif se répandit dans la chambre.

Cette lueur, si faible qu'elle fût, permit de voir M. Coumbes, couché tranquillement dans son lit et reposant comme un juste.

Pierre Manas alla à lui et le toucha du bout du doigt.

M. Coumbes s'éveilla.

Rien ne saurait peindre la surprise, mieux que cela, la terreur de l'ex-portefaix, lorsque, en ouvrant les yeux, il aperçut la figure sinistre du bandit.

Il voulut crier, mais Pierre Manas lui mit le couteau sur la gorge.

— Pas de bruit, s'il vous plaît, mon bon monsieur, dit le forçat; c'est dans le silence que se fait le meilleur travail, et vous voyez que j'ai en main de quoi vous fermer la bouche si vous l'ouvriez trop grande et surtout trop bruyamment.

M. Coumbes roulait des yeux effarés autour de lui.

Il aperçut Millette, que, dans son trouble, il n'avait pas encore vue.

— Millette! Millette! s'écria-t-il, quel est cet homme?

— Vous ne me reconnaissez pas, dit Pierre Manas; eh bien, c'est drôle, moi, je vous ai reconnu tout de suite en vous retrouvant aussi laid que quand je suis parti. C'est la bonne chance des vilains visages de rester les mêmes, et vous aviez tout ce qu'il fallait pour ne pas changer; mais, moi, que madame a épousé par amour, parce que j'étais joli garçon, je n'ai pu me servir de cet heureux privilége, ce qui fait que vous ne me reconnaissez pas. Millette, dites donc mon nom à M. Coumbes.

— Pierre Manas! s'écria ce dernier, qui venait de recueillir le souvenir que lui avait laissé la nuit où le bandit avait voulu pendre sa femme.

— Eh! oui, sans doute, Pierre Manas, mon bon monsieur, qui vient, en compagnie de son épouse, régler avec vous certains comptes que vous avez laissés trop longtemps en souffrance.

— Oh! Millette! Millette! fit l'ex-portefaix, qui, dans son trouble, ne remarquait pas que les yeux de la pauvre femme lui indiquaient son fusil, dont le canon jetait un éclair dans un des coins de la chambre et à portée de sa main.

— Il ne s'agit pas de Millette, mon cher monsieur, reprit Pierre Manas; tron de l'air! à votre âge, il est honteux d'ignorer que c'est le mari qui surveille les intérêts de la communauté. Aussi ne vous adressez pas à ma femme, adressez-vous à moi.

— Alors, que voulez-vous? balbutia M. Coumbes.

— Pardieu! ce que je veux ? De l'argent, riposta impudemment le forçat; ce qu'il vous plaira de donner à madame pour payer les bons services qu'elle vous a rendus pendant dix-neuf ans.

M. Coumbes, de livide qu'il était, devint verdâtre.

— Mais de l'argent, dit-il, je n'en ai pas.

— *Sur* vous, je le crois, à moins que vous n'ayez votre magot dans votre paillasse; et alors il serait *sous* vous. Mais, là ou ailleurs, en cherchant bien, je suis sûr que vous trouverez quelques billets de mille francs qui flânent dans quelque coin de votre chambre.

— Mais, alors, vous voulez donc me voler? demanda M. Coumbes avec un étonnement qui fût devenu comique si la situation n'avait pas été si grave.

— Eh! coquin de sort! répliqua Pierre Manas, je ne chicane pas sur les mots, et, pourvu que vous abouliez au plus vite, tout ira bien; sinon, dame! j'ai mauvaise tête, je vous en préviens.

— De l'argent! reprit M. Coumbes, auquel sa profonde avarice rendait quelque courage, n'y comptez pas, vous n'aurez pas un traître sou ; si je dois quelque chose à votre femme, qu'elle revienne demain.

Il fera jour, et nous y verrons chacun de notre côté pour régler nos comptes.

— Par malheur, dit Pierre Manas se montrant de plus en plus menaçant, ma femme est devenue comme moi un oiseau de nuit : réglons tout de suite.

— Ah! Millette! Millette! répéta le pauvre monsieur Coumbes.

Celle-ci, profondément remuée par l'accent douloureux avec lequel M. Coumbes avait prononcé cet appel, fit un mouvement pour échapper au bandit; mais celui-ci, pliant de la main gauche Millette comme un roseau, la renversa sous lui et la contint avec son pied, qu'il posa sur sa poitrine.

— Tron de l'air! s'écria-t-il, tu as déjà oublié ce que je t'avais dit, toi! Ah! tu as voulu venir! ah! tu n'as pas voulu m'apprendre où il cachait son argent, le chéri de ton cœur! Eh bien! sais-tu ce que je vais faire, moi? Je vais vous tuer tous les deux, vous coucher côte à côte dans le même lit, et je me promènerai le front levé; la loi est pour moi.

Et, tout en parlant, le bandit meurtrissait de son lourd soulier la poitrine de Millette.

M. Coumbes ne put soutenir ce spectacle. Il oublia son or, il oublia la disproportion des forces, il oublia qu'il était presque nu et sans armes, il s'oublia lui-même, et se rua sur cette bête féroce.

L'horreur et le désespoir communiquaient une telle énergie au bonhomme, que Pierre chancela sous la secousse, et, obligé de faire un pas en arrière, souleva malgré lui le pied avec lequel il maintenait Millette couchée à terre.

Celle-ci, toute meurtrie et à moitié étouffée qu'elle était, en profita pour se redresser avec l'agilité d'une panthère et courir à la fenêtre.

Mais Pierre Manas avait deviné son dessein. Il fit un effort suprême, se débarrassa de M. Coumbes, qui, violemment repoussé, alla tomber à la renverse sur son lit, et il s'élança sur Millette le couteau à la main.

L'arme traça un éclair dans la demi-obscurité de la chambre et s'abattit cessant de luire.

Millette tomba sur le carreau sans même répondre par un cri au cri poussé par M. Coumbes.

La terreur semblait avoir paralysé l'ex-portefaix ; il cachait son visage entre ses mains.

— Ton argent ! ton argent ! hurlait le forçat en le secouant rudement.

M. Coumbes indiquait déjà du doigt son secrétaire, quand il lui sembla voir glisser dans l'ombre une forme humaine qui s'approchait de l'assassin.

C'était Millette, qui, pâle, mourante, perdant son sang par une profonde blessure, avait rassemblé ses dernières forces pour venir au secours de M. Coumbes.

Pierre Manas ne l'entendait ni ne la voyait ; un bruit venu du dehors absorbait en ce moment toute son attention.

— Ah ! c'est là qu'est ton or ? dit enfin Pierre Manas.

— Oui, répondit M. Coumbes dont les dents claquaient d'épouvante ; par tout ce que j'ai de plus sacré, je vous le jure.

— Eh bien, tron de l'air ! je le mangerai et le boirai à votre santé, à vous deux. Je me venge et je m'enrichis, deux bonnes affaires en une seule.

Et, levant son couteau dont la lame ruisselait de sang :

— Allons, dit-il, va rejoindre ta maîtresse.

Il leva le terrible couteau ; mais, juste en ce moment, Millette se jeta sur lui à corps perdu et l'entoura de ses bras.

— Votre fusil ! votre fusil ! cria la pauvre femme d'une voix éteinte, ou il va vous tuer comme il m'a tuée.

Reconnaissant à qui il avait affaire, Pierre Manas crut qu'il lui serait facile de se débarrasser de Millette.

Mais Millette s'était cramponnée à lui avec toute la puissance qui caractérise ceux que la vie va abandonner, et qui est remarquable surtout chez les noyés ; ses bras avaient pris la force de deux cercles de fer que l'on eût soudés entre eux.

Pierre Manas eut beau se tordre, secouer la mourante, la frapper de nouveau de son poignard, il ne put parvenir à lui faire lâcher prise.

Cependant la voix de Millette, le cri désespéré poussé par elle avait éveillé chez M. Coumbes l'instinct de la conservation que les affres de la mort lui avaient fait perdre. Son fusil se trouva entre ses mains tout armé, avec une spontanéité que, plus tard, lorsqu'il racontait cette scène, il attribuait à un miracle de sang-froid ; il le tendit en avant, fit feu sans épauler et sans viser, comme c'était, au reste, dans ses habitudes, et Pierre Manas, atteint en pleine poitrine de deux cents grains de plomb qui firent balle, tomba foudroyé aux pieds du maître du cabanon.

Suffoqué d'émotion, M. Coumbes allait s'évanouir à son tour, lorsqu'il entendit heurter violemment à la porte et une voix de femme qui criait :

— Que faites-vous donc, M. Coumbes ?... mon frère a parlé, ce n'est point Marius qui est l'assassin !

XXI

La martyre

M. Coumbes avait jeté son fusil pour secourir Millette. En entendant cette voix étrangère, il se crut menacé par une légion de bandits; mais son triomphe l'avait animé; il tressaillit comme un cheval au son de la trompette, ressaisit son arme et courut à la fenêtre dans l'attitude du soldat qui s'apprête à faire feu.

Cependant, et malgré les incitations de sa bravoure, il n'oublia pas que la prudence est une des vertus du guerrier; il prit quelques précautions pour ouvrir la croisée et se garda bien de se pencher au dehors.

— Que demandez-vous? fit-il de l'accent le plus caverneux qu'il pût trouver dans les profondeurs de ses bronches.

— Que vous partiez sur-le-champ pour Marseille. Mon frère est sauvé, il parle; il a déjà déclaré que

Marius n'était pas un assassin. Allez solliciter une confrontation.

A l'accent féminin de cette voix, M. Coumbes avait reconnu que c'était inutilement qu'il venait de faire une nouvelle provision d'héroïsme.

— Eh ! mille couffins de bagasse, dit-il en retournant à Millette, qu'il essayait de débarrasser du corps de son misérable mari, qui était tombé sur elle, il s'agit bien de Marius, et je me fiche pas mal de lui, de votre commission et de votre frère. Que me chantez-vous là, quand je viens de combattre comme un véritable Spartiate, que j'ai du sang jusqu'à la ceinture et que la pauvre Millette réclame tous mes soins! Allez vous promener à Marseille si bon vous semble, ou plutôt venez m'aider, car ce vilain gueux est aussi lourd qu'il était méchant.

M. Coumbes avait effectivement besoin d'aide.

Son système nerveux avait été si violemment ébranlé, qu'en même temps que ses genoux flageolaient sous son corps, ses bras paralysés avaient perdu toute force. C'était en vain qu'il essayait de remuer la lourde masse qui pesait sur le corps de la mère de Marius. La vue de Millette dont la tête dépassait la poitrine du bandit, cette face livide et sanglante, cette bouche béante, ces yeux entr'ouverts, l'impossibilité où il se voyait de la secourir, le jetaient dans des accès successifs de désespoir et de fureur. Il adressait à la pauvre femme les premiers mots de tendresse qu'il lui eût dits depuis qu'il la connaissait, tandis qu'éclatant en imprécations féroces contre son bourreau, il déplorait son sort avec des accents vraiment pathétiques et, ivre de rage, criblait de coups de pied le cadavre de l'assassin.

La réponse de M. Coumbes, les cris, les sanglots, les coups sourds qui venaient de l'appartement, jetèrent Madeleine — c'était elle qui avait appelé le maître du cabanon — dans une étrange perplexité. Celui-ci avait fait, et le jour et la nuit, une guerre si acharnée aux oisillons, que le coup de feu que la jeune fille avait entendu en entrant dans le jardin ne l'avait pas étonnée ; mais, aux paroles étranges que son voisin lui avait adressées, aux bruits sinistres qu'elle entendait, elle supposait une alternative de malheur : elle pensait, ou que M. Coumbes était devenu fou, ou qu'une nouvelle catastrophe était arrivée.

Elle appela au secours et, à tout risque, elle essaya d'ouvrir la porte.

Mais, comme nous l'avons dit, Pierre Manas connaissait trop bien son métier pour ne l'avoir point refermée derrière lui.

— Si vous voulez que j'aille à vous, il faut m'ouvrir. Ouvrez-moi, M. Coumbes ! criait Madeleine, qui meurtrissait ses doigts en essayant d'ébranler le pêne.

— J'ai bien le temps, répondait Coumbes ; cassez-la, brisez-la, cette porte, si elle ne veut pas s'ouvrir; j'ai les moyens de la renouveler. Je me moque d'une porte, je me moque de tout, pourvu que ma pauvre Millette vive... Ah! mon Dieu! ah! mon Dieu!

Et de ses mains convulsives, agitées M. Coumbes essayait de nouveau d'alléger le fardeau qui oppressait le corps inanimé de son amie.

Cependant, du chalet on avait entendu la voix de Mlle Rioufle. On donna l'alarme dans les environs, on accourut et on pénétra sur le théâtre de cette scène de carnage.

Madeleine qui était entrée la première, recula d'épouvante à la vue de ces deux cadavres; mais, reconnaissant Millette, avec l'énergie que nous lui avons vu déployer, elle sut dominer son émotion et son horreur et aida à transporter la mère de son amant sur le lit de M. Coumbes.

Celui-ci semblait avoir complétement perdu la raison ; il prenait entre ses mains les mains déjà glacées de Millette, et il s'écriait d'une voix lamentable :

— Un médecin! un médecin! Oh! je ne suis qu'un portefaix, c'est vrai, mais je puis le payer comme un négociant.

Madeleine plaça ses doigts sur la poitrine de Millette, et, à une pulsation du cœur, elle sentit que le principe de la vie n'était pas encore complétement éteint chez elle.

Effectivement, quelques minutes après, la blessée rouvrit les yeux.

Le premier mot qu'elle prononça, fut le nom de son fils. En l'entendant, Madeleine éclata en sanglots, et, se penchant sur le lit, elle entoura de ses bras la pauvre femme, et, la pressant sur son cœur :

— Il est sauvé ! s'écria-t-elle. Vivez, vivez, ma mère, pour partager notre bonheur!

Millette écarta doucement la jeune fille et la considéra pendant quelques instants avec un attendrissement qui révélait tout ce qui se passait dans son âme. Puis deux larmes roulèrent silencieusement le long de ses joues pâles.

— Vous l'aimez, dit-elle, je puis mourir. Ce n'est pas lui qui a frappé votre frère : l'assassin, le voilà. Témoignez-en, s'il est besoin. Prête à paraître devant Dieu, je le jure.

Et, soulevant sa main par un pénible effort, d'un geste elle indiqua Pierre Manas, dont on relevait le cadavre.

— C'est inutile, ma mère, reprit Madeleine; son innocence pouvait se passer de votre témoignage; en sortant de son évanouissement, mon frère a déclaré que Marius n'était point le coupable.

Millette leva les yeux au ciel, joignit les mains, et le mouvement de ses lèvres, l'expression de son regard, indiquèrent qu'elle remerciait Dieu.

— Seigneur! dit-elle en finissant, faites-moi la grâce que ce soit lui qui me ferme les yeux.

— Ne pensez pas à cela, ma mère! vous ne mourrez pas, vous vivrez pour être heureuse de son bonheur.

— Oui, qu'elle vivra, interrompit M. Coumbes d'une voix que ses pleurs entrecoupaient : dût-il m'en coûter les yeux de la tête, je veux qu'elle vive. Tu vivras, ma pauvre Millette, tu vivras, comme le dit cette bonne demoiselle, qui vaut considérablement mieux que le reste de sa famille; tu vivras pour être heureuse. Vois-tu, ajouta-t-il en se baissant et en approchant la bouche de l'oreille de la blessée, maintenant que nous voilà débarrassés de cette charogne, je puis t'épouser, je t'épouserai, je donnerai mon nom à ton fils, tu auras tout... non, la moitié de tout ce que je possède; et, quoique je porte toujours la même lévite, ajouta-t-il en concentrant la voix de façon à n'être entendu que de celle à laquelle il s'adressait, je suis riche, moi, plus riche peut-être, continua-t-il avec une sorte d'amertume, que ces gens qui gaspillent la terre du bon

Dieu pour y faire pousser un tas de méchants parfums. Tiens, dans le bas de ce secrétaire, que le scélérat allait effondrer si tu ne t'étais pas si bravement jetée sur lui, il y a, en or, soixante mille francs; et ce n'est pas tout, va! il y a les rentes, il y a la maison de Marseille et le cabanon. Eh bien, tu partageras tout cela avec moi! Tu vois bien que tu ne peux pas mourir!

A cet argument, de l'efficacité duquel M. Coumbes ne doutait pas, Millette répondit par un funèbre sourire.

Les richesses de M. Coumbes étaient bien peu de chose auprès des éternelles splendeurs dont le ciel, en s'entr'ouvrant pour elle, lui découvrait déjà les horizons. Cependant elle approcha ses lèvres du visage du bonhomme et déposa sur le front de celui-ci un baiser à la fois chaste et tendre; puis elle se retourna du côté de Madeleine.

— Soyez mille fois bénie, lui dit-elle, de votre amour pour lui... Une dernière consolation que je vous demande : tâchez que je l'embrasse une fois encore !

Madeleine fit un signe de tête et sortit de l'appartement.

Le commissaire de police était arrivé ; il attendait la présence de Madeleine pour recevoir les dépositions de Millette et celle de M. Coumbes sur les événements de la nuit. Madeleine le conduisit dans le chalet auprès de son frère.

Le coutelas de Pierre Manas avait frappé M. Jean Riouffe à la poitrine et pénétré dans ses cavités en touchant les parois du cœur ; la blessure était dangereuse, mais non mortelle. L'arme, dans son contact avec le plus essentiel de nos organes, avait produit une hémorrhagie pulmonaire et amené cette longue syncope qui, pendant plus de trente heures, avait privé le blessé de sentiment.

Il répéta au magistrat ce qu'il avait dit à sa sœur, et le signalement qu'il donnait de son assassin s'accordant parfaitement avec celui du meurtrier de Millette, commençait à éclaircir cette lugubre histoire. Il remit un mot à Madeleine pour le juge d'instruction, afin de supplier celui-ci — en s'appuyant sur le vœu de la mourante — d'ordonner, provisoirement du moins, l'élargissement de Marius.

Cependant Millette faiblissait d'instants en instants.

Elle fit des efforts surhumains pour donner au magistrat des détails sur ce qui s'était passé entre son mari et elle ; elle y parvint, mais ces efforts achevèrent de l'épuiser. On avait débridé et élargi la plaie ; seulement la contraction des muscles, lorsqu'elle avait contenu Pierre Manas, pour donner le temps à M. Coumbes de se mettre en défense, avait amené un épanchement interne considérable ; la respiration devenait plus difficile, son bruit plus strident. Une écume rougeâtre paraissait sur ses lèvres à chaque hoquet que lui arrachait la douleur ; le cercle bleuâtre de ses yeux s'étendait ; ceux-ci devenaient atones ; des gouttes d'une sueur glacée perlaient sur son front, et sa peau si blanche et si satinée, paraissait rugueuse.

Le triste spectacle de cette agonie avait achevé de faire tourner la tête à M. Coumbes. Il semblait qu'au moment de perdre cette compagne, il sentît tout le prix du trésor que, pendant vingt années, il avait si longtemps méconnu, et qu'il expiât son ingrate indifférence. Son désespoir s'exprimait par une sorte de rage ; il ne voulait pas admettre qu'un sacrifice d'argent ne pût pas lui conserver Millette, et sa douleur, vaniteuse encore, exaltait ce qu'il était disposé à faire. Il maltraitait le médecin ; il troublait les derniers moments de la mourante ; il fallut l'éloigner d'elle.

Millette, au contraire, conservait toute sa sérénité et tout son calme. Lorsque le prêtre succéda à l'homme de l'art, elle écouta ses exhortations avec le recueillement de la foi sincère. Cependant, et malgré sa ferveur religieuse, de temps en temps, elle paraissait inquiète ; elle soulevait péniblement la tête au-dessus de l'oreiller ; elle écoutait attentive ; ses lèvres s'éclairaient d'un sourire ; une vague lueur faisait étinceler ses yeux, qu'elle tournait vers le ciel, et, quand elle reconnaissait que ce n'était pas encore celui qu'elle attendait, elle murmurait:

— Mon Dieu, mon Dieu, que votre volonté soit faite !

Bientôt elle parut toucher à ses derniers moments; ses yeux se fixèrent; on ne reconnaissait plus qu'elle existait qu'au frémissement de ses lèvres, dont l'écume devenait de plus en plus décolorée. Elle avait perdu son sang; elle allait expirer.

Tout à coup, et au moment où le médecin cherchait dans ses artères leur dernière pulsation, elle se dressa sur son séant avec une spontanéité qui épouvanta les assistants. Alors on entendit un pas qui gravissait précipitamment l'escalier; ce bruit avait miraculeusement renoué le fil près de se rompre, et auquel était suspendue cette existence.

— C'est lui !... Merci, mon Dieu, merci ! s'écria distinctement Millette.

En effet, la figure bouleversée de Marius apparaissait dans l'encadrement de la porte; mais, avant que, si rapide que fût son mouvement, il eût franchi le seuil de cette porte, les bras que la pauvre femme tendait vers lui étaient retombés pesamment sur le lit. Elle avait poussé un faible soupir, et ce ne fut plus que sur le cadavre de sa mère que le jeune homme se jeta éperdu.

Dieu, sans doute, avait réservé d'autres consolations à l'humble et méritante créature, puisqu'il lui refusait celle de sentir encore une fois sur ses lèvres celles de son enfant.

CONCLUSION

Son père n'ayant plus à payer sa dette à la société, Marius n'hésita pas à raconter les circonstances qui l'avaient conduit à assumer sur sa tête la responsabilité d'un des derniers crimes de Pierre Manas. Les déclarations de Millette, l'affirmation de M. Jean Riouffe corroboraient son récit. Son élargissement provisoire devint définitif.

Quel que fût son amour pour Madeleine, quelque éclatants qu'eussent été les témoignages de tendresse qu'il avait reçus de celle-ci, il demeurait cependant silencieux lorsqu'elle lui rappelait les projets d'union qu'ils avaient caressés dans leur première promenade sur les collines.

La noblesse de ses sentiments, son excessive délicatesse s'épouvantaient, pour la jeune fille, de la situation que l'opprobre de son père leur ferait dans le monde. Il éprouvait une insurmontable répugnance à apporter à celle qu'il aimait un nom qui avait reçu la flétrissure du bagne.

Cependant, les allusions de Mlle Riouffe devinrent plus directes, et Jean, guéri de sa blessure, et convaincu que le bonheur de sa sœur était attaché à ce mariage, vint en faire à Marius la proposition formelle. Le fils de Millette demeura pensif et demanda quelques jours pour réfléchir.

Ce délai n'était, en réalité, que pour se disposer à un sacrifice qu'il regardait comme un devoir. Il était décidé à s'éloigner ; il comptait sur le temps et sur l'absence pour guérir la plaie du cœur de Madeleine ; quant à celle de son âme, il ne voulait pas y songer. La veille du jour où il devait donner une réponse à M. Riouffe, lorsqu'il jugea que M. Coumbes devait être endormi, il chargea sur ses épaules le sac dans lequel il avait rassemblé son petit butin, ramassa un bâton de voyage et se mit en chemin sans oser jeter un coup d'œil sur ce chalet où il laissait tout ce qu'il adorait au monde.

Lorsqu'il eut fait un demi-quart de lieue, il lui sembla entendre derrière lui un pas furtif qui faisait doucement craquer le sable, et le bruit d'une respi=

ration humaine. Il se retourna brusquement et aperçut Madeleine qui le suivait pas à pas.

— Vous! vous, Madeleine! s'écria-t-il.

— Eh! sans doute, ingrat! répondit celle-ci : je n'ai point oublié, moi, que nous avons juré que rien en ce monde ne pourrait nous empêcher d'être l'un à l'autre. Vous partez, et alors la place de votre femme n'est-elle pas à vos côtés?...

Quinze jours après, le prêtre qui avait recueilli les derniers soupirs de Millette mariait les deux jeunes gens dans la petite église de Bonneveine.

M. Coumbes se montra, à cette occasion, d'une générosité sans égale ; il voulait adopter Marius et le doter. Le jeune homme n'accepta pas, et, après les noces, lui et sa femme partirent pour Trieste, où ils allaient fonder une maison correspondante de celle que M. Jean Rioufle conservait à Marseille.

Le maître du cabanon fut pendant bien longtemps inconsolable de la mort de Millette ; mais les consolations ne lui manquaient pas.

Marius et sa femme n'avaient pas voulu que le chalet fût vendu : ils en avaient laissé la jouissance à M. Coumbes, qui s'était chargé de l'entretenir, mais qui s'en garda si bien, qu'au bout de quelque temps, ainsi qu'il l'avait souhaité, les ronces, les orties, les herbes sauvages pullulèrent dans le joli jardin de

Madeleine avec une vigueur de végétation tropicale. M. Coumbes aimait à monter sur l'échelle à l'aide de laquelle Marius se rendait auprès de celle qu'il aimait, à contempler ce champ de désolation, à suivre les progrès que la consomption produisait sur les arbustes, à compter les traces que chaque mistral laissait sur le joli chalet. Il trouvait, dans cette constatation de son triomphe, l'oubli des chagrins qui avaient empoisonné les dernières années de sa vie, et, après une bonne séance en face de ce spectacle, lorsqu'il rentrait dans sa demeure, la solitude lui paraissait moins amère.

Sa catastrophe avait encore d'autres compensations : elle avait établi d'une manière solide la réputation de bravoure que M. Coumbes avait ambitionnée. A Montredon, les pères racontaient ses exploits à leurs enfants; ils formaient le texte des récits de toutes les veillées.

Pendant les premières années, tout ce qui rappelait à M. Coumbes celle qui lui avait été si humblement dévouée le faisait frissonner; mais peu à peu les compliments qu'on adressait à sa conduite chatouillèrent assez agréablement son amour-propre pour que ce dernier sentiment étouffât à la fois ses regrets et ses remords; et bientôt son ancienne vanité se trouva si bien du relief qui en résultait pour lui, que, loin de craindre les conversations qui avaient trait à la mort de Pierre Manas, il les provoquait. Il est vrai de dire que l'exagération populaire, s'étant chargée de prôner ses hauts faits, leur avait donné des proportions bien attrayantes.

Le bandit se trouvait métamorphosé en cinq affreux brigands dont M. Coumbes avait occis la moitié tandis que l'autre moitié prenait la fuite.

M. Coumbes laissait dire. A l'admiration qu'il lisait dans les regards des auditeurs, il répondait :

— Eh ! mon Dieu, ce n'est pas aussi difficile qu'il le semble, avec un peu d'adresse et de sang-froid... Comment voulez-vous que je manque un homme, moi qui mets un grain de plomb dans l'œil d'un moineau, aussi délicatement que s'il était placé avec la main !

Bref, la passion dominante de M. Coumbes eut raison, chez lui, de tout ce qu'il restait sur la terre de la pauvre Millette : son souvenir.

Peu à peu, ses visites au cimetière de Bonneveine, qui renfermait les restes de Millette, devinrent moins fréquentes ; bientôt il cessa d'y aller, et l'herbe fut libre de pousser aussi drue sur le dôme de terre qui la recouvrait qu'elle l'était dans le jardin du chalet.

Il l'oublia si bien, que, lorsqu'il mourut, avec cet à-propos des égoïstes, quinze jours avant l'ouverture du canal de la Durance, qui, en peuplant de jardins les solitudes de Montredon, allait de nouveau porter le trouble dans sa vie, on ne trouva pas dans son testament un mot qui prouvât qu'il se souvînt encore ou de Marius ou de sa mère.

Il n'y a point de petites passions, mais il y a de petits cœurs.

FIN..

TABLE

		Pages
I.	Où nous apprendrons ce que c'est qu'un cabanon à ceux de nos lecteurs qui l'ignorent.............	1
II.	Millette..	18
III.	Où l'on verra qu'il est quelquefois dangereux d'enfermer un corbeau et une tourterelle dans la même cage.	31
IV.	Cabanon et chalet..................................	36
V.	Où l'on voit qu'il peut quelquefois être désagréable d'avoir de beaux pois dans son jardin................	44
VI.	Chalet et cabanon..................................	53
VII.	Où, à notre grand déplaisir, nous sommes forcé de piller le vieux Corneille.........................	69
VIII.	Comment M. Coumbes vit échouer sa vengeance par l'intervention d'un témoin, qui frappa au cœur le champion qu'il avait choisi........................	77
IX.	Où l'on voit que M. Coumbes ne pratiquait pas l'oubli des injures, et ce qui s'ensuivit.................	93

X. Deux cœurs honnêtes........................	110
XI. Où il est démontré qu'avec beaucoup de bonne volonté il est quelquefois difficile de s'entendre............	124
XII. Où l'on verra comment M. Coumbes, en voulant prendre du poisson, attrapa un secret................	151
XIII. Où M. Combes rend des points à Machiavel.........	162
XIV. Le mendiant................................	170
XV. Les aveux.................................	185
XVI. Où Pierre Manas intervient à sa façon.............	198
XVII. Où, sans avoir voulu sauver personne, M. Coumbes n'en accomplit pas moins son chemin de la croix....	200
XVIII. Mère et maîtresse............................	240
XIX. Où Pierre Manas paraît décidé à faire à son amour paternel le sacrifice de sa terre natale............	267
XX. Où m. Coumbes tire le plus beau coup de feu qu'ait jamais fait un amateur de chasse................	281
XXI. La martyre................................	299
Conclusion.................................	309

FIN DE LA TABLE

LIBRAIRIE NOUVELLE, boulevard des Italiens, 15, A PARIS
A. BOURDILLIAT ET Cⁱᵉ, ÉDITEURS

OEUVRES COMPLÈTES
DE
H. DE BALZAC

Nouvelle édition, complétement terminée, en 45 vol. à 1 fr. le vol.

Nous ne ferons pas ici l'éloge de Balzac. D'abord, cette tâche n'est pas la nôtre, et puis il semble que cette renommée, qui grandit chaque jour, soit également au-dessus de la louange et de la critique. Nous parlerons seulement de la nouvelle édition que nous offrons au public, — édition d'un mérite déjà exceptionnel par son bon marché et par les soins apportés dans la correction du texte et dans la fabrication des volumes, et, en outre, la plus complète qu'on ait publiée jusqu'ici, et la seule scrupuleusement classée suivant les dernières indications de l'auteur.

Les œuvres que Balzac a désignées sous le titre de :

Comédie humaine, forment dans notre édition.. 40 vol.
Les Contes drôlatiques..................... 3 vol.
Le Théâtre, la seule édition complète........... 2 vol.

Chacun de ces quarante-cinq volumes, dont nous donnons ci-dessous la nomenclature, se vend séparément **un franc**. Toutes les demandes de 10 volumes et au-dessus seront adressées *franco* à toute personne qui en enverra le prix, soit en mandat sur la poste ou à vue sur Paris, soit en timbres-poste. Ajouter 10 centimes par volume pour les demandes qui n'atteindront pas 10 volumes.

CLASSIFICATION D'APRÈS LES INDICATIONS DE L'AUTEUR :

COMÉDIE HUMAINE

Scènes de la Vie privée.

1ᵉʳ volume.

LA MAISON DU CHAT QUI PELOTE..............
LE BAL DE SCEAUX........ } 1 vol.
LA BOURSE..............
LA VENDETTA............
MADAME FIRMIANI........
UNE DOUBLE FAMILLE....

2ᵉ volume.

LA PAIX DU MÉNAGE......
LA FAUSSE MAITRESSE....
ÉTUDE DE FEMME........ } 1 vol.
AUTRE ÉTUDE DE FEMME..
LA GRANDE BRETÈCHE....
ALBERT SAVARUS.........

3e volume.
MÉMOIRES DE DEUX JEUNES MARIÉES............ } 1 vol.
UNE FILLE D'ÈVE........

4e volume.
LA FEMME DE TRENTE ANS.
LA FEMME ABANDONNÉE..
LA GRENADIÈRE.......... } 1 vol.
LE MESSAGE............
GOBSECK................

5e volume.
LE CONTRAT DE MARIAGE.. } 1 vol.
UN DÉBUT DANS LA VIE...

6e volume.
MODESTE MIGNON........ 1 vol.

7e volume.
BÉATRIX............... 1 vol.

8e volume.
HONORINE..............
LE COLONEL CHABERT....
LA MESSE DE L'ATHÉE.... } 1 vol.
L'INTERDICTION........
PIERRE GRASSOU........

Scènes de la Vie de province.

9e volume.
URSULE MIROUET........ 1 vol.

10e volume.
EUGÉNIE GRANDET........ 1 vol.

11e volume.
LES CÉLIBATAIRES. I
PIERRETTE............. } 1 vol.
LE CURÉ DE TOURS......

12e volume.
LES CÉLIBATAIRES. II
UN MÉNAGE DE GARÇON... } 1 vol.

13e volume.
LES PARISIENS EN PROVINCE.
L'ILLUSTRE GAUDISSART.. } 1 vol.
LA MUSE DU DÉPARTEMENT

14e volume.
LES RIVALITÉS.
LA VIEILLE FILLE....... } 1 vol.
LE CABINET DES ANTIQUES

15e volume.
LE LYS DANS LA VALLÉE... 1 vol.

16e volume.
ILLUSIONS PERDUES. I
LES DEUX POÈTES....... } 1 vol.
UN GRAND HOMME DE PROVINCE A PARIS, 1re part.

17e volume.
ILLUSIONS PERDUES. II
UN GRAND HOMME DE PROVINCE A PARIS, 2e partie. } 1 vol.
ÈVE ET DAVID..........

Scènes de la Vie parisienne.

18e volume.
SPLENDEURS ET MISÈRES DES COURTISANES.
ESTHER HEUREUSE.......
A COMBIEN L'AMOUR REVIENT AUX VIEILLARDS.. } 1 vol.
OU MÈNENT LES MAUVAIS CHEMINS..............

19e volume.
LA DERNIÈRE INCARNATION DE VAUTRIN............
UN PRINCE DE LA BOHÈME.
UN HOMME D'AFFAIRES.... } 1 vol.
GAUDISSART II..........
LES COMÉDIENS SANS LE SAVOIR...............

20e volume.
HISTOIRE DES TREIZE.
FERRAGUS............... } 1 vol.
LA DUCHESSE DE LANGEAIS
LA FILLE AUX YEUX D'OR.

21e volume.
LE PÈRE GORIOT......... 1 vol.

22e volume.
CÉSAR BIROTTEAU........ 1 vol.

23e volume.

LA MAISON NUCINGEN..... }
LES SECRETS DE LA PRIN-
CESSE DE CADIGNAN.... } 1 vol.
LES EMPLOYÉS...........
SARRASINE.............
FACINO CANE..........

24e volume.

LES PARENTS PAUVRES. I } 1 vol.
LA COUSINE BETTE......

25e volume.

LES PARENTS PAUVRES. II } 1 vol.
LE COUSIN PONS........

Scènes de la Vie politique.

26e volume.

UNE TÉNÉBREUSE AFFAIRE. } 1 vol.
UN ÉPISODE SOUS LA TER-
REUR..................

27e volume.

L'ENVERS DE L'HISTOIRE
CONTEMPORAINE.
MADAME DE LA CHANTERIE. } 1 vol.
L'INITIÉ..............
Z. MARCAS............

28e volume.

LE DÉPUTÉ D'ARCIS....... 1 vol.

Scènes de la Vie militaire.

29e volume.

LES CHOUANS............ } 1 vol.
UNE PASSION DANS LE DÉ-
SERT................

Scènes de la Vie de campagne.

30e volume.

LE MÉDECIN DE CAMPAGNE 1 vol.

31e volume.

LE CURÉ DE VILLAGE..... 1 vol.

32e volume.

LES PAYSANS............ 1 vol.

Études philosophiques.

33e volume.

LA PEAU DE CHAGRIN..... 1 vol.

34e volume.

LA RECHERCHE DE L'AB-
SOLU.................
JÉSUS-CHRIST EN FLANDRE. } 1 vol.
MELMOTH RÉCONCILIÉ....
LE CHEF-D'ŒUVRE INCONNU

35e volume.

L'ENFANT MAUDIT........
GAMBARA............... } 1 vol.
MASSIMILIA DONI........

36e volume.

LES MARANA............
ADIEU.................
LE RÉQUISITIONNAIRE....
EL VERDUGO............
UN DRAME AU BORD DE LA } 1 vol.
MER..................
L'AUBERGE ROUGE........
L'ÉLIXIR DE LONGUE VIE..
MAITRE CORNÉLIUS.......

37e volume.

SUR CATHERINE DE MÉDICIS.
LE MARTYR CALVINISTE...
LA CONFIDENCE DES RUG- } 1 vol.
GIERI................
LES DEUX RÊVES........

38e volume.

LOUIS LAMBERT.........
LES PROSCRITS......... } 1 vol.
SERAPHITA............

Études analytiques.

39e volume.

PHYSIOLOGIE DU MARIAGE. 1 vol.

40e volume.

PETITES MISÈRES DE LA VIE
CONJUGALE............ 1 vol.

CONTES DROLATIQUES

41ᵉ volume.

1ᵉʳ DIXAIN.

- LA BELLE IMPÉRIA.........
- LE PÉCHÉ VÉNIEL.........
- LA MYE DU ROY..........
- L'HÉRITIER DU DIABLE....
- LES JOYEULSETÉS DU ROY LOYS LE UNZIESME....
- LA CONNESTABLE.........
- LA PUCELLE DE THILHOUZE.
- LE FRÈRE D'ARMES......
- LE CURÉ D'AZAY-LE-RIDEAU..............
- L'APOSTROPHE..........

} 1 vol.

42ᵉ volume.

2ᵉ DIXAIN.

- LES TROIS CLERCS DE SAINCT-NICHOLAS......
- LE IEUSNE DE FRANÇOYS PREMIER...........
- LES BONS PROUPOS DES RELIGIEUSES DE POISSY.
- COMMENT FEUT BASTY LE CHASTEAU D'AZAY......
- LA FAULSE COURTIZANE..
- LE DANGIER D'ESTRE TROP COCQUEBIN..........
- LA CHIERE NUICTÉE D'AMOUR..............
- LE PROSNE DU JOYEULX CURÉ DE MEUDON......
- LE SUCCUBE...........
- DÉSESPÉRANCE D'AMOUR..

} 1 vol.

43ᵉ volume.

3ᵉ DIXAIN.

- PERSÉVÉRANCE D'AMOUR..
- D'UNG IUSTICIARD QUI NE SE REMEMBROYT LES CHOUSES............
- SUR LE MOYNE AMADOR, QUI FEUT UN GLORIEUX ABBÉ DE TURPENAY....
- BERTHE LA REPENTIE....
- COMMENT LA BELLE FILLE DE PORTILLON QUINAULDA SON IUGE.........
- CY EST REMONSTRÉ QUE LA FORTUNE EST TOUIOURS FEMELLE............
- D'UNG PAOUVRE QUI AVOYT NOM LE VIEULX-PAR-CHEMINS............
- DIRES INCONGRUS DE TROIS PÈLERINS.........
- NAÏFVETÉ............
- LA BELLE IMPÉRIA MARIÉE.

} 1 vol.

THÉATRE

44ᵉ volume.

- VAUTRIN, drame en 5 actes.
- LES RESSOURCES DE QUINOLA, comédie en 5 actes et un prologue.........
- PAMÉLA GIRAUD, pièce en 5 actes............

} 1 vol.

45ᵉ volume.

- LA MARATRE, drame intime en 5 actes et 8 tableaux..
- LE FAISEUR (MERCADET), comédie en 5 actes (entièrement conforme au manuscrit de l'auteur)...

} 1 vol.

Paris. — Imp. de la LIBRAIRIE NOUVELLE, A. Bourdilliat, 15, rue Breda.

COLLECTION DE LA LIBRAIRIE NOUVELLE

à 2 fr. le volume

FORMAT GRAND IN-18 ANGLAIS

Alexandre Dumas — VOL.
- Les Compagnons de Jéhu........ 2
- L'Art et les Artistes contemporains au Salon de 1859............ 1
- Monsieur Coumbes............ 1

Auguste Maquet
- Dettes de Cœur............ 1

Ruffini (Lorenzo Benoni)
- Mémoires d'un Conspirateur italien. 1

Édouard Gourdon
- Louise............ 1

Eugène de Mirecourt
- Confessions de Marion Delorme.. 3

Jules Lecomte
- Voyages çà et là............ 1

Louis Jourdan
- Les Peintres français............ 1

L'abbé Théobald Mitraud
- De la Nature des Sociétés humaines. 1

Eugène Chapus
- Les Haltes de chasse............ 1

Yvan et Callery
- L'Insurrection en Chine, avec portrait et carte............ 1

Henri de Pène
- Un mois en Allemagne. — Nauheim. 1

Madame Louise Colet
- Ce qu'on rêve en aimant, poésies nouvelles............ 1

Antoine Gandon — VOL.
- Les trente-deux Duels de Jean Gigon............ 1

Frédéric Béchard
- Les Existences déclassées............ 1

Edmond Texier
- La Grèce et ses Insurrections, avec cartes............ 1

Laurence Oliphant
- Voyage pittoresque d'un Anglais en Russie et sur le littoral de la mer Noire et de la mer d'Azof...... 1

Maxime Du Camp
- Le Nil (Égypte et Nubie), avec carte. 1
- Salon de 1859............ 1

Édouard Delessert
- Six Semaines dans l'île de Sardaigne, avec deux dessins............ 1

Roger de Beauvoir
- Colombes et Couleuvres, poésies nouvelles............ 1

***
- Doctrine Saint-Simonienne......... 1

***
- Mémoires de Bilboquet............ 3

H. de Barthélemy
- La Noblesse en France............ 1

Parmentier
- Description topographique de la guerre turco-russe............ 1

Paris. — Imp. de la Librairie Nouvelle. A. Bourdilliat, 15, rue Bréda.